Smaki Indii

Przepisy na autentyczne dania indyjskie

Rani Patel

Zawartość

Pikantna jagnięcina z jogurtem i szafranem 17
    Składniki 17
    metoda 18

Jagnięcina Z Warzywami 19
    Składniki 19
    metoda 20

Curry wołowe z ziemniakami 21
    Składniki 21
    metoda 22

Pikantna jagnięca masala 23
    Składniki 23
    metoda 24

Rogan Josh 25
    Składniki 25
    metoda 26

Grillowane Żeberka Wieprzowe 27
    Składniki 27
    metoda 27

Wołowina w mleku kokosowym 28
    Dla 4 osób 28
    Składniki 28
    metoda 29

Szaszłyk Wieprzowy 30

- Składniki 30
- metoda 30
- Smażona Chilli Wołowina 31
  - Składniki 31
  - metoda 32
- Szkockie Jaja Wołowe 33
  - Składniki 33
  - metoda 33
- Sucha wołowina po malabarsku 34
  - Składniki 34
  - Na mieszankę przypraw: 34
  - metoda 35
- Kotleciki jagnięce Moglai 36
  - Składniki 36
  - metoda 36
- Wołowina z Okrą 37
  - Składniki 37
  - metoda 38
- Wołowina Baffad 39
  - Składniki 39
  - metoda 40
- Badami Goszt 41
  - Składniki 41
  - metoda 42
- Indyjska pieczeń wołowa 43
  - Składniki 43
  - metoda 44

Kotlety z Khatta Pudina 45
    Składniki 45
    metoda 46

Indyjski stek wołowy 47
    Składniki 47
    metoda 47

Jagnięcina w zielonym sosie 48
    Składniki 48
    metoda 49

Łatwa Mielona Jagnięcina 50
    Składniki 50
    metoda 50

Sorpotel wieprzowy 51
    Składniki 51
    metoda 52

Marynowana jagnięcina 53
    Składniki 53
    metoda 53

Haleem 54
    Składniki 54
    metoda 55

Zielone kotlety baranie masala 56
    Składniki 56
    metoda 57

Kozieradka Jagnięca Wątroba 58
    Składniki 58
    metoda 59

Wołowina Husseini 60
    Składniki 60
    Na mieszankę przypraw: 60
    metoda 61
Baranek Methi 62
    Składniki 62
    metoda 63
Wołowina Indad 64
    Składniki 64
    Na mieszankę przypraw: 64
    metoda 65
zapiekanka z jagnięciny 66
    Składniki 66
    metoda 66
Jagnięcina Z Kardamonem 67
    Składniki 67
    metoda 68
Kheema 69
    Składniki 69
    metoda 70
Pikantne Frytki Wieprzowe 71
    Składniki 71
    Na mieszankę przypraw: 71
    metoda 72
Tandoori Raan 73
    Składniki 73
    metoda 74

Baranek z Talaa 75
    Składniki 75
    Na mieszankę przypraw: 75
        metoda 76
duszony język 77
    Składniki 77
    metoda 78
Smażone roladki z baraniny 79
    Składniki 79
    metoda 79
masala ze smażonej wątroby 81
    Składniki 81
    metoda 82
Pikantny język wołowy 83
    Składniki 83
    metoda 84
Jagnięcina Pasanda 85
    Składniki 85
    metoda 85
Curry Jagnięce I Jabłkowe 86
    Składniki 86
    metoda 87
Suszona baranina Andhra 88
    Składniki 88
    metoda 89
Proste curry z wołowiny 90
    Składniki 90

metoda 90

Gosht Korma 91

    Składniki 91

    metoda 92

Kotlety Erachi 93

    Składniki 93

    metoda 94

Siekane w piekarniku 95

    Składniki 95

    metoda 95

Kaleji Do Pyaaza 96

    Składniki 96

    metoda 97

Jagnięcina z kością 98

    Składniki 98

    metoda 99

Wołowina Vindaloo 100

    Składniki 100

    metoda 101

wołowina curry 102

    Składniki 102

    metoda 103

dyniowa baranina 104

    Składniki 104

    metoda 105

Gusztaba 106

    Składniki 106

metoda	107
Owce z mieszanką zieleni i ziół	108
Składniki	108
metoda	109
Baranek cytrynowy	110
Składniki	110
metoda	111
Pasanda jagnięca z migdałami	112
Składniki	112
metoda	113
Smażona Chili Kiełbasa Wieprzowa	114
Składniki	114
metoda	115
Owca Szahdżahan	116
Składniki	116
Na mieszankę przypraw:	116
metoda	117
Smażona pasta rybna	118
Składniki	118
metoda	119
Caldine z ryb	120
Składniki	120
metoda	121
Curry z krewetkami i jajkiem	122
Składniki	122
metoda	123
kretowa ryba	124

Składniki 124

metoda 124

Krewetki Bharta 125

Składniki 125

metoda 126

Pikantne ryby i warzywa 127

Składniki 127

metoda 128

Kotlet z makreli 129

Składniki 129

metoda 130

Krab Tandoori 131

Składniki 131

metoda 131

Faszerowana Ryba 132

Składniki 132

metoda 133

Curry z krewetek i kalafiora 134

Składniki 134

Na mieszankę przypraw: 134

metoda 135

Smażone Małże 136

Składniki 136

metoda 137

Smażone Krewetki 138

Składniki 138

metoda 139

Makrela w sosie pomidorowym 140
    Składniki 140
    metoda 141
Konju Ullaruathu 142
    Składniki 142
    metoda 143
Chemeen Manga Curry 144
    Składniki 144
    metoda 145
Proste frytki Machchi 146
    Składniki 146
    metoda 146
Machher Kalia 147
    Składniki 147
    metoda 148
Ryba smażona w jajku 149
    Składniki 149
    metoda 149
Lau Chingri 150
    Składniki 150
    metoda 151
Pomidorowa Ryba 152
    Składniki 152
    metoda 153
Chingri Machher Kalia 154
    Składniki 154
    metoda 154

Ryba Tikka Kebab 155
    Składniki 155
    metoda 155
Sznycel Chingri Machher 156
    Składniki 156
    metoda 157
gotowana ryba 158
    Składniki 158
    metoda 158
Krewetki z zieloną papryką 160
    Składniki 160
    metoda 160
Machher Jhole 161
    Składniki 161
    metoda 162
Machher Paturi 163
    Składniki 163
    metoda 164
Chingri Machher Shorsher Jhole 165
    Składniki 165
    metoda 166
Curry z krewetkami i ziemniakami 167
    Składniki 167
    metoda 168
krewetka kret 169
    Składniki 169
    metoda 170

Ryba Koliwada 171
    Składniki 171
    metoda 172
Rolada z ryby i ziemniaków 173
    Składniki 173
    metoda 174
krewetkowa masala 175
    Składniki 175
    metoda 176
Ryba czosnkowa 177
    Składniki 177
    metoda 177
Ryż ziemniaczany 178
    Składniki 178
    Na pierogi: 178
    metoda 179
Pulao z warzywami 180
    Składniki 180
    metoda 181
Kashche Gosht ki Biryani 182
    Składniki 182
    Na kisiel: 182
    metoda 183
Achari Gosht ki Biryani 185
    Składniki 185
    metoda 186
Jakni Pulao 188

Składniki	188
metoda	189
Hyderabadi Biryani	191
Składniki	191
Na mieszankę przypraw:	191
metoda	192
Warzywa Biryani	193
Składniki	193
metoda	194
Kale Moti ki Biryani	195
Składniki	195
metoda	196
Posiekane i Masoor Pulao	198
Składniki	198
metoda	199
Biryani z kurczaka	200
Składniki	200
Na kisiel:	200
metoda	201
Krewetki Biryani	203
Składniki	203
Na mieszankę przypraw:	203
metoda	204
Jajko Ziemniaczane Biryani	205
Składniki	205
Na ciasto:	206
metoda	206

Pokrój poulao 208
    Składniki..208
    metoda 209
Chana Pulao 210
    Składniki..210
    metoda 210
Proste Khichdi..212
    Składniki..212
    metoda 212
ryż masala 213
    Składniki..213
    metoda 214
ryż cebulowy..215
    Składniki..215
    metoda 215
ryż gotowany na parze..217
    Składniki..217
    metoda 217

Pikantna jagnięcina z jogurtem i szafranem

Dla 4 osób

Składniki

5 łyżek ghee

1 łyżeczka pasty imbirowej

1 łyżeczka pasty czosnkowej

675 g jagnięciny bez kości, pokrojonej na 3,5 cm kawałki

Sól dla smaku

750 ml/1¼ litra wody

4 duże cebule pokrojone w plasterki

1 łyżeczka chili w proszku

1 łyżeczka garam masali

1 łyżka brązowego cukru rozpuszczona w 2 łyżkach wody

3 zielone papryczki chilli, pokrojone wzdłuż

30 g/1 uncja mielonych migdałów

400 g jogurtu greckiego, ubitego

10 g liści kolendry, drobno posiekanych

½ łyżeczki szafranu rozpuszczonego w 2 łyżkach mleka

metoda

- Podgrzej połowę ghee w rondlu. Dodaj pastę imbirową i pastę czosnkową. Smażyć na średnim ogniu przez 1-2 minuty.

- Dodaj jagnięcinę i sól. Smażyć 5 do 6 minut.

- Dodać wodę i dobrze wymieszać. Przykryj pokrywką i gotuj na wolnym ogniu przez 40 minut, od czasu do czasu mieszając. Odłożyć.

- Podgrzej resztę ghee na innej patelni. Dodaj cebulę i smaż na średnim ogniu, aż będzie przezroczysta.

- Dodaj chili w proszku, garam masala, wodę z cukrem, zielone chilli i mielone migdały. Kontynuuj smażenie przez minutę.

- Dodać jogurt i dobrze wymieszać. Gotuj mieszaninę przez 6-7 minut, dobrze mieszając.

- Dodaj tę mieszankę do mieszanki jagnięcej. Dobrze wymieszaj. Przykryj pokrywką i gotuj na wolnym ogniu przez 5 minut, od czasu do czasu mieszając.

- Udekoruj listkami kolendry i szafranem. Podawać na gorąco.

Jagnięcina Z Warzywami

Dla 4 osób

Składniki

675 g jagnięciny, pokrojonej na 2,5 cm kawałki

Sól dla smaku

½ łyżeczki mielonego czarnego pieprzu

5 łyżek rafinowanego oleju roślinnego

2 liście laurowe

4 zielone strąki kardamonu

4 goździki

1 cal/2,5 cm cynamonu

2 duże cebule, drobno posiekane

1 łyżeczka kurkumy

1 łyżka mielonego kminku

1 łyżeczka chili w proszku

1 łyżeczka pasty imbirowej

1 łyżeczka pasty czosnkowej

2 pomidory, drobno posiekane

200g groszku

1 łyżeczka nasion kozieradki

200 g/7 uncji różyczek kalafiora

500 ml/16 uncji wody

200 g jogurtu

10 g liści kolendry, drobno posiekanych

metoda

- Marynuj jagnięcinę solą i pieprzem przez 30 minut.

- W garnku rozgrzej olej. Dodaj liście laurowe, kardamon, goździki i cynamon. Pozwól im pluć przez 30 sekund.

- Dodaj cebulę, kurkumę, mielony kminek, chili w proszku, pastę imbirową i pastę czosnkową. Smaż je na średnim ogniu przez 1-2 minuty.

- Dodaj marynowaną jagnięcinę i smaż przez 6-7 minut, od czasu do czasu mieszając.

- Dodaj pomidory, groszek, nasiona kozieradki i różyczki kalafiora. Brązuj przez 3-4 minuty.

- Dodać wodę i dobrze wymieszać. Przykryj pokrywką i gotuj przez 20 minut.

- Odkryć patelnię i dodać jogurt. Dobrze wymieszaj przez minutę, ponownie przykryj i gotuj na wolnym ogniu przez 30 minut, od czasu do czasu mieszając.

- Dekorujemy listkami kolendry. Podawać na gorąco.

Curry wołowe z ziemniakami

Dla 4 osób

Składniki

6 ziaren czarnego pieprzu

3 goździki

2 strąki czarnego kardamonu

1 cal/2,5 cm cynamonu

1 łyżeczka nasion kminku

4 łyżki rafinowanego oleju roślinnego

3 duże cebule, drobno posiekane

łyżeczka kurkumy

1 łyżeczka chili w proszku

1 łyżeczka pasty imbirowej

1 łyżeczka pasty czosnkowej

750g/1lb 10 uncji wołowiny, mielonej

2 pomidory, drobno posiekane

3 duże ziemniaki pokrojone w kostkę

½ łyżeczki garam masali

1 łyżka soku z cytryny

Sól dla smaku

1 litr/1¾ litra wody

1 łyżka liści kolendry, drobno posiekanych

metoda

- Ziarna pieprzu, goździki, kardamon, cynamon i kminek zmiel na drobny proszek. Odłożyć.

- W garnku rozgrzej olej. Dodaj cebulę i smaż na średnim ogniu, aż się zarumieni.

- Dodaj zmielony pieprz w proszku, kurkumę, chili w proszku, pastę imbirową i pastę czosnkową. Smaż przez minutę.

- Dodaj mieloną wołowinę i smaż przez 5 do 6 minut.

- Dodaj pomidory, ziemniaki i garam masala. Dobrze wymieszaj i gotuj przez 5 do 6 minut.

- Dodaj sok z cytryny, sól i wodę. Przykryj pokrywką i gotuj na wolnym ogniu przez 45 minut, od czasu do czasu mieszając.

- Dekorujemy listkami kolendry. Podawać na gorąco.

Pikantna jagnięca masala

Dla 4 osób

Składniki

675 g jagnięciny pokrojonej w kostkę

3 duże cebule pokrojone w plasterki

750 ml/1¼ litra wody

Sól dla smaku

4 łyżki rafinowanego oleju roślinnego

4 liście laurowe

łyżeczka nasion kminku

łyżeczka nasion gorczycy

1 łyżeczka pasty imbirowej

1 łyżeczka pasty czosnkowej

2 zielone papryczki chilli, drobno posiekane

1 łyżka orzeszków ziemnych, zmielonych

1 łyżka chana dalu*, suszona i mielona

1 łyżeczka chili w proszku

łyżeczka kurkumy

1 łyżeczka garam masali

Sok z 1 cytryny

50 g drobno posiekanych liści kolendry

metoda

- Wymieszaj jagnięcinę z cebulą, wodą i solą. Gotuj tę mieszaninę w rondlu na średnim ogniu przez 40 minut. Odłożyć.

- W garnku rozgrzej olej. Dodaj liście laurowe, nasiona kminku i nasiona gorczycy. Pozwól im pluć przez 30 sekund.

- Dodaj pastę imbirową, pastę czosnkową i zielone chilli. Gotuj je na średnim ogniu przez minutę, ciągle mieszając.

- Dodaj mielone orzeszki ziemne, chana dhal, chilli w proszku, kurkumę i garam masala. Kontynuuj smażenie przez 1-2 minuty.

- Dodaj mieszankę jagnięcą. Dobrze wymieszaj. Przykryj pokrywką i gotuj na wolnym ogniu przez 45 minut, od czasu do czasu mieszając.

- Posyp wierzch sokiem z cytryny i listkami kolendry i podawaj na gorąco.

Rogan Josh

(Kaszmirskie Curry Jagnięce)

Dla 4 osób

Składniki

Sok z 1 cytryny

200 g jogurtu

Sól dla smaku

750 g jagnięciny, pokrojonej na 2,5 cm kawałki

75 g ghee plus dodatkowo do smażenia

2 duże cebule, cienko pokrojone

1 cal/2,5 cm cynamonu

3 goździki

4 zielone strąki kardamonu

1 łyżeczka pasty imbirowej

1 łyżeczka pasty czosnkowej

1 łyżeczka mielonej kolendry

1 łyżeczka mielonego kminku

3 duże pomidory, drobno posiekane

750 ml/1¼ litra wody

10 g liści kolendry, drobno posiekanych

metoda

- Wymieszaj sok z cytryny, jogurt i sól. W tej mieszance marynuj jagnięcinę przez godzinę.

- Podgrzej ghee do smażenia na patelni. Dodać cebulę i smażyć na średnim ogniu na złoty kolor. Odcedź i zarezerwuj.

- Resztę ghee podgrzać w rondelku. Dodaj cynamon, goździki i kardamon. Pozwól im pluć przez 15 sekund.

- Dodaj marynowaną jagnięcinę i smaż na średnim ogniu przez 6-7 minut.

- Dodaj pastę imbirową i pastę czosnkową. Brązowy przez 2 minuty.

- Dodaj mieloną kolendrę, mielony kminek i pomidory, dobrze wymieszaj i gotuj przez kolejną minutę.

- Dodaj wodę. Przykryj pokrywką i gotuj na wolnym ogniu przez 40 minut, od czasu do czasu mieszając.

- Udekoruj listkami kolendry i smażoną cebulą. Podawać na gorąco.

Grillowane Żeberka Wieprzowe

Dla 4 osób

Składniki

6 zielonych papryczek

5 cm/2 cale korzenia imbiru

15 ząbków czosnku

¼ małej surowej papai, zmielonej

200 g jogurtu

2 łyżki rafinowanego oleju roślinnego

2 łyżki soku z cytryny

Sól dla smaku

750 g żeberek, pokrojonych na 4 części

metoda

- Zmiel zielone chili, imbir, czosnek i surową papaję z wystarczającą ilością wody, aby utworzyć gęstą pastę.

- Wymieszaj tę pastę z resztą składników, z wyjątkiem żeberek. Marynuj żeberka w tej mieszance przez 4 godziny.

- Grilluj marynowane żeberka przez 40 minut, od czasu do czasu obracając. Podawać na gorąco.

Wołowina w mleku kokosowym

Dla 4 osób

Składniki

5 łyżek rafinowanego oleju roślinnego

1½ funta/675 g wołowiny, pokrojonej w paski o szerokości 2 cali/5 cm

3 duże cebule, drobno posiekane

8 ząbków czosnku, drobno posiekanych

2,5 cm korzeń imbiru, drobno posiekany

2 zielone papryczki chilli, pokrojone wzdłuż

2 łyżeczki mielonej kolendry

2 łyżeczki mielonego kminku

1 cal/2,5 cm cynamonu

Sól dla smaku

500 ml/16 uncji wody

500 ml mleka kokosowego

metoda

- Na patelni rozgrzej 3 łyżki oleju. Partiami dodawać paski wołowiny i smażyć na małym ogniu przez 12-15 minut, od czasu do czasu obracając. Odcedź i zarezerwuj.

- Pozostały olej rozgrzej w rondlu. Dodaj cebulę, czosnek, imbir i zieloną paprykę. Smażyć na średnim ogniu przez 2-3 minuty.

- Dodaj smażone paski wołowiny, mieloną kolendrę, mielony kminek, cynamon, sól i wodę. Niech gotuje się przez 40 minut.

- Dodać mleko kokosowe. Gotuj 20 minut, często mieszając. Podawać na gorąco.

Szaszłyk Wieprzowy

Dla 4 osób

Składniki

100 ml oleju musztardowego

3 łyżki soku z cytryny

1 mała cebula, mielona

2 łyżeczki pasty czosnkowej

1 łyżeczka musztardy w proszku

1 łyżeczka mielonego czarnego pieprzu

Sól dla smaku

600 g wieprzowiny bez kości, pokrojonej na 3,5 cm kawałki

metoda

- Wszystkie składniki oprócz wieprzowiny wymieszać razem. W tej mieszance marynuj wieprzowinę przez noc.

- Zamarynowaną wieprzowinę nadziać na szaszłyk i grillować przez 30 minut. Podawać na gorąco.

Smażona Chilli Wołowina

Dla 4 osób

Składniki

750 g wołowiny, pokrojonej na 2,5 cm kawałki

6 ziaren czarnego pieprzu

3 duże cebule pokrojone w plasterki

1 litr/1¾ litra wody

Sól dla smaku

4 łyżki rafinowanego oleju roślinnego

2,5 cm korzeń imbiru, drobno posiekany

8 ząbków czosnku, drobno posiekanych

4 zielone papryki

1 łyżka soku z cytryny

50g liści kolendry

metoda

- Wymieszaj wołowinę z pieprzem, 1 cebulą, wodą i solą. Gotuj tę mieszaninę w rondlu na średnim ogniu przez 40 minut. Odcedź i zarezerwuj. Zachowaj bulion.

- W garnku rozgrzej olej. Podsmaż pozostałą cebulę na średnim ogniu na złoty kolor. Dodaj imbir, czosnek i zieloną paprykę. Smażyć przez 4-5 minut.

- Dodaj sok z cytryny i mieszankę wołową. Kontynuuj gotowanie przez 7-8 minut. Dodaj zarezerwowany bulion.

- Przykryj pokrywką i gotuj na wolnym ogniu przez 40 minut, od czasu do czasu mieszając. Dodaj liście kolendry i dobrze wymieszaj. Podawać na gorąco.

Szkockie Jaja Wołowe

Dla 4 osób

Składniki

500g/1lb 2oz wołowiny, mielonej

Sól dla smaku

1 litr/1¾ litra wody

3 łyżki fasoli*

1 ubite jajko

25 g/liście drobno posiekanej mięty

25 g/min posiekanych liści kolendry

8 gotowanych jajek

Rafinowany olej roślinny do smażenia

metoda

- Wymieszaj wołowinę z solą i wodą. Gotuj w rondelku na małym ogniu przez 45 minut. Zmiel na pastę i wymieszaj z besanem, ubitym jajkiem, miętą i liśćmi kolendry. Owiń tą mieszanką jajka na twardo.
- Rozgrzej olej na patelni. Dodać zawinięte jajka i smażyć na średnim ogniu na złoty kolor. Podawać na gorąco.

Sucha wołowina po malabarsku

Dla 4 osób

Składniki

675 g wołowiny pokrojonej w kostkę

4 łyżki rafinowanego oleju roślinnego

3 duże cebule pokrojone w plasterki

1 pomidor, drobno posiekany

100 g/3½ uncji wiórków kokosowych

1 łyżeczka chili w proszku

1 łyżeczka garam masali

1 łyżeczka mielonej kolendry

1 łyżeczka mielonego kminku

Sól dla smaku

1 litr/1¾ litra wody

Na mieszankę przypraw:

3,5 cm/1½ w korzeniu imbiru

6 zielonych papryczek

1 łyżka mielonej kolendry

10 liści curry

1 łyżka pasty czosnkowej

metoda

- Zmiel wszystkie składniki mieszanki przypraw razem, aby uzyskać gęstą pastę. Marynuj wołowinę w tej mieszance przez godzinę.
- W garnku rozgrzej olej. Podsmaż cebulę na średnim ogniu, aż się zarumieni. Dodaj mięso i smaż przez 6-7 minut.
- Dodaj pozostałe składniki. Gotuj przez 40 minut i podawaj gorące.

Kotleciki jagnięce Moglai

Dla 4 osób

Składniki

5 cm/2 cale korzenia imbiru

8 ząbków czosnku

6 suszonych czerwonych papryk

2 łyżeczki soku z cytryny

Sól dla smaku

8 kotletów jagnięcych, rozgniecionych i spłaszczonych

150 g ghee

2 duże ziemniaki, pokrojone w plastry i usmażone

2 duże cebule

metoda

- Zmiel imbir, czosnek i czerwone papryczki chilli z sokiem z cytryny, solą i taką ilością wody, aby powstała gładka pasta. Marynuj kotlety w tej mieszance przez 4-5 godzin.
- Podgrzej ghee na patelni. Dodaj marynowane kotlety i smaż na średnim ogniu przez 8-10 minut.
- Dodaj cebulę i smażone ziemniaki. Piec 15 minut. Podawać na gorąco.

Wołowina z Okrą

Dla 4 osób

Składniki

4½ łyżki rafinowanego oleju roślinnego

200g/7 uncji okra

2 duże cebule, drobno posiekane

2,5 cm korzeń imbiru, drobno posiekany

4 ząbki czosnku, drobno posiekane

750 g wołowiny, pokrojonej na 2,5 cm kawałki

4 suszone czerwone papryczki chilli

1 łyżka mielonej kolendry

½ łyżki mielonego kminku

1 łyżeczka garam masali

2 pomidory, drobno posiekane

Sól dla smaku

1 litr/1¾ litra wody

metoda

- Na patelni rozgrzej 2 łyżki oleju. Dodaj okrę i smaż na średnim ogniu, aż będzie chrupiąca i brązowa. Odcedź i zarezerwuj.
- Pozostały olej rozgrzej w rondlu. Podsmaż cebulę na średnim ogniu, aż będzie przezroczysta. Dodaj imbir i czosnek. Smaż przez minutę.
- Dodaj wołowinę. Smażyć 5 do 6 minut. Dodaj wszystkie pozostałe składniki i okrę. Dusić 40 minut, często mieszając. Podawać na gorąco.

Wołowina Baffad

(Wołowina gotowana z kokosem i octem)

Dla 4 osób

Składniki

675 g wołowiny pokrojonej w kostkę

Sól dla smaku

1 litr/1¾ litra wody

1 łyżeczka kurkumy

½ łyżeczki czarnego pieprzu

½ łyżeczki nasion kminku

5-6 goździków

1 cal/2,5 cm cynamonu

12 ząbków czosnku, drobno posiekanych

2,5 cm korzeń imbiru, drobno posiekany

100 g/3½ uncji świeżego kokosa, startego

6 łyżek octu słodowego

5 łyżek rafinowanego oleju roślinnego

2 duże cebule, drobno posiekane

metoda

- Połącz wołowinę z solą i wodą i gotuj w rondlu na średnim ogniu przez 45 minut, od czasu do czasu mieszając. Odłożyć.
- Pozostałe składniki oprócz oleju i cebuli zmiksować.
- W garnku rozgrzej olej. Dodaj zmieloną mieszankę i cebulę.
- Smażyć na średnim ogniu przez 3-4 minuty. Dodaj mieszankę wołowiny. Dusić 20 minut, od czasu do czasu mieszając. Podawać na gorąco.

Badami Goszt

(Jagnięcina Z Migdałami)

Dla 4 osób

Składniki

5 łyżek ghee

3 duże cebule, drobno posiekane

12 zmiażdżonych ząbków czosnku

1½ cala/3,5 cm korzenia imbiru, drobno posiekanego

750g/1lb 10 uncji jagnięciny, mielonej

75 g mielonych migdałów

1 łyżka garam masali

Sól dla smaku

Jogurt 250g/9oz

360 ml mleka kokosowego

500 ml/16 uncji wody

metoda

- Podgrzej ghee w rondelku. Dodaj wszystkie składniki oprócz jogurtu, mleka kokosowego i wody. Dobrze wymieszaj. Dusić na małym ogniu przez 10 minut.
- Dodaj pozostałe składniki. Niech gotuje się przez 40 minut. Podawać na gorąco.

Indyjska pieczeń wołowa

Dla 4 osób

Składniki

30g sera cheddar, startego

½ łyżeczki mielonego czarnego pieprzu

1 łyżeczka chili w proszku

10 g liści kolendry, posiekanych

10 g drobno posiekanych liści mięty

1 łyżeczka pasty imbirowej

1 łyżeczka pasty czosnkowej

25 g/bit 1 uncja bułki tartej

1 ubite jajko

Sól dla smaku

675 g wołowiny bez kości, spłaszczonej i pokrojonej na 8 kawałków

5 łyżek rafinowanego oleju roślinnego

500 ml/16 uncji wody

metoda

- Połącz wszystkie składniki oprócz mięsa, oleju i wody.
- Nałóż tę mieszankę na jedną stronę każdego kawałka wołowiny. Każdą zwinąć w roladę i związać sznurkiem do zamknięcia.
- W garnku rozgrzej olej. Dodaj bułki i smaż na średnim ogniu przez 8 minut. Dodać wodę i dobrze wymieszać. Gotuj przez 30 minut. Podawać na gorąco.

Kotlety z Khatta Pudina

(Kotlety z kwaśnej mięty)

Dla 4 osób

Składniki

1 łyżeczka mielonego kminku

1 łyżka mielonego białego pieprzu

2 łyżeczki garam masali

5 łyżeczek soku z cytryny

4 łyżki płynnej śmietany

150 g jogurtu

8 uncji/250 ml miętowego chutney

2 łyżki skrobi kukurydzianej

¼ małej papai, mielonej

1 łyżka pasty czosnkowej

1 łyżka pasty imbirowej

1 łyżeczka mielonej kozieradki

Sól dla smaku

675 g kotletów jagnięcych

Rafinowany olej roślinny do posmarowania

metoda

- Połącz wszystkie składniki oprócz kotletów jagnięcych i oleju. Marynuj kotlety w tej mieszance przez 5 godzin.
- Posmaruj kotlety olejem i grilluj przez 15 minut. Podawać na gorąco.

Indyjski stek wołowy

Dla 4 osób

Składniki

675g wołowiny pokrojonej w plastry na steki

1½ cala/3,5 cm korzenia imbiru, drobno posiekanego

12 ząbków czosnku, drobno posiekanych

2 łyżki mielonego czarnego pieprzu

4 średniej wielkości cebule, drobno posiekane

4 zielone papryczki chilli, drobno posiekane

3 łyżki octu

750 ml/1¼ litra wody

Sól dla smaku

5 łyżek rafinowanego oleju roślinnego plus trochę więcej do smażenia

metoda

- Wszystkie składniki oprócz oleju do smażenia łączymy w rondelku.
- Przykryj szczelną pokrywką i gotuj na wolnym ogniu przez 45 minut, od czasu do czasu mieszając.
- Pozostały olej rozgrzej na patelni. Dodaj ugotowaną mieszankę steków i smaż na średnim ogniu przez 5-7 minut, od czasu do czasu obracając. Podawać na gorąco.

Jagnięcina w zielonym sosie

Dla 4 osób

Składniki

4 łyżki rafinowanego oleju roślinnego

3 duże cebule, starte

1½ łyżeczki pasty imbirowej

1 łyżeczka pasty czosnkowej

675 g jagnięciny, pokrojonej na 2,5 cm kawałki

½ łyżeczki mielonego cynamonu

½ łyżeczki mielonych goździków

½ łyżeczki mielonego czarnego kardamonu

6 suszonych czerwonych papryczek chilli, mielonych

2 łyżeczki mielonej kolendry

½ łyżeczki mielonego kminku

10 g liści kolendry, drobno posiekanych

4 pomidory, puree

Sól dla smaku

500 ml/16 uncji wody

metoda

- W garnku rozgrzej olej. Dodaj cebulę, pastę imbirową i pastę czosnkową. Smażyć na średnim ogniu przez 2-3 minuty.

- Dodaj wszystkie pozostałe składniki oprócz wody. Dobrze wymieszaj i smaż przez 8-10 minut. Dodaj wodę. Przykryj pokrywką i gotuj na wolnym ogniu przez 40 minut, od czasu do czasu mieszając. Podawać na gorąco.

Łatwa Mielona Jagnięcina

Dla 4 osób

Składniki

3 łyżki oleju musztardowego

2 duże cebule, drobno posiekane

7,5 cm korzenia imbiru, drobno posiekanego

2 łyżeczki grubo mielonego czarnego pieprzu

2 łyżeczki mielonego kminku

Sól dla smaku

1 łyżeczka kurkumy

750g/1lb 10 uncji mielonej jagnięciny

500 ml/16 uncji wody

metoda

- W garnku rozgrzej olej. Dodaj cebulę, imbir, pieprz, mielony kminek, sól i kurkumę. Smażyć przez 2 minuty. Dodaj mielone. Smażyć przez 8-10 minut.
- Dodaj wodę. Dobrze wymieszaj i gotuj przez 30 minut. Podawać na gorąco.

Sorpotel wieprzowy

(Wątróbka wieprzowa gotowana w sosie Goan)

Dla 4 osób

Składniki

250 ml/8 uncji octu słodowego

8 suszonych czerwonych papryk

10 ziaren czarnego pieprzu

1 łyżeczka nasion kminku

1 łyżka nasion kolendry

1 łyżeczka kurkumy

500g/1lb 2 uncje wieprzowiny

250g/9 uncji wątróbki

Sól dla smaku

1 litr/1¾ litra wody

120 ml rafinowanego oleju roślinnego

Korzeń imbiru o długości 2 cali/5 cm, cienko pokrojony

20 ząbków czosnku, drobno posiekanych

6 zielonych papryczek chilli, pokrojonych wzdłuż

metoda

- Zmiel połowę octu z czerwonym chilli, ziarnami pieprzu, kminkiem, kolendrą i kurkumą na gładką pastę. Odłożyć.
- Wymieszaj wieprzowinę i wątrobę z solą i wodą. Gotować w garnku przez 30 minut. Odcedź i zachowaj bulion. Pokrój w kostkę wieprzowinę i wątrobę. Odłożyć.
- W garnku rozgrzej olej. Dodać pokrojone w kostkę mięso i dusić na małym ogniu przez 12 minut. Dodaj ciasto i wszystkie pozostałe składniki. Dobrze wymieszaj.
- Smażyć przez 15 minut. Dodaj bulion. Niech gotuje się przez 15 minut. Podawać na gorąco.

Marynowana jagnięcina

Dla 4 osób

Składniki

750g/1lb 10oz jagnięciny, pokrojonej w cienkie paski

Sól dla smaku

1 litr/1¾ litra wody

6 łyżek rafinowanego oleju roślinnego

1 łyżeczka kurkumy

4 łyżki soku z cytryny

2 łyżki mielonego kminku, uprażonego na sucho

4 łyżki mielonego sezamu

7,5 cm korzenia imbiru, drobno posiekanego

12 ząbków czosnku, drobno posiekanych

metoda

- Wymieszaj jagnięcinę z solą i wodą i gotuj w rondlu na średnim ogniu przez 40 minut. Odcedź i zarezerwuj.
- Rozgrzej olej na patelni. Dodaj jagnięcinę i smaż na średnim ogniu przez 10 minut. Odcedzamy i mieszamy z resztą składników. Podawać na zimno.

Haleem

(Baranina gotowana po persku)

Dla 4 osób

Składniki

500g/1lb 2oz pszenicy, namoczonej przez 2-3 godziny i odsączone

1,5 litra/2¾ litra wody

Sól dla smaku

500g/1lb 2oz baraniny, pokrojonej w kostkę

4-5 łyżek ghee

3 duże cebule pokrojone w plasterki

1 łyżeczka pasty imbirowej

1 łyżeczka pasty czosnkowej

1 łyżeczka kurkumy

1 łyżeczka garam masali

metoda

- Zmieszaj pszenicę z 250 ml wody i odrobiną soli. Gotuj w rondelku na średnim ogniu przez 30 minut. Dobrze rozgnieść i odstawić.

- Gotuj baraninę z pozostałą wodą i solą w rondlu przez 45 minut. Odcedź i zmiksuj na gładką pastę. Zachowaj bulion.

- Podgrzej ghee. Podsmaż cebulę na małym ogniu, aż się zarumieni. Dodaj pastę imbirową, pastę czosnkową, kurkumę i mięso mielone. Smażyć przez 8 minut. Dodaj pszenicę, bulion i garam masala. Piec 20 minut. Podawać na gorąco.

Zielone kotlety baranie masala

Dla 4 osób

Składniki

675 g kotletów baranich

Sól dla smaku

1 łyżeczka kurkumy

500 ml/16 uncji wody

2 łyżki mielonej kolendry

1 łyżeczka mielonego kminku

1 łyżka pasty imbirowej

1 łyżka pasty czosnkowej

100 g liści kolendry, zmielonych

1 łyżeczka soku z cytryny

1 łyżeczka mielonego czarnego pieprzu

1 łyżeczka garam masali

60 g/2 uncje zwykłej białej mąki

Rafinowany olej roślinny do smażenia

2 jajka, ubite

50g bułki tartej

metoda

- Wymieszaj baraninę z solą, kurkumą i wodą. Gotuj w rondelku na średnim ogniu przez 30 minut. Odcedź i zarezerwuj.
- Pozostałe składniki oprócz mąki, oleju, jajek i bułki tartej wymieszać.
- Taką mieszanką posmarować kotlety i oprószyć mąką.
- Rozgrzej olej na patelni. Kotlety maczać w jajku, panierować w bułce tartej i smażyć na złoty kolor. Wróć i powtórz. Podawać na gorąco.

Kozieradka Jagnięca Wątroba

Dla 4 osób

Składniki

4 łyżki rafinowanego oleju roślinnego

2 duże cebule, drobno posiekane

¾ łyżeczki pasty imbirowej

łyżeczka pasty czosnkowej

50 g posiekanych liści kozieradki

600 g wątróbki jagnięcej pokrojonej w kostkę

3 pomidory, drobno posiekane

1 łyżeczka garam masali

120 ml gorącej wody

1 łyżka soku z cytryny

Sól dla smaku

metoda

- W garnku rozgrzej olej. Podsmaż cebulę na średnim ogniu, aż będzie przezroczysta. Dodaj pastę imbirową i pastę czosnkową. Smażyć przez 1-2 minuty.
- Dodaj liście kozieradki i wątróbkę. Brązowy przez 5 minut.
- Dodaj pozostałe składniki. Gotuj przez 40 minut i podawaj gorące.

Wołowina Husseini

(Wołowina gotowana w sosie północnoindyjskim)

Dla 4 osób

Składniki

4 łyżki rafinowanego oleju roślinnego

675 g drobno posiekanej wołowiny

Jogurt 125g/4½oz

Sól dla smaku

750 ml/1¼ litra wody

Na mieszankę przypraw:

4 duże cebule

8 ząbków czosnku

2,5 cm korzenia imbiru

2 łyżeczki garam masali

1 łyżeczka kurkumy

2 łyżeczki mielonej kolendry

1 łyżeczka mielonego kminku

metoda

- Zmiel składniki mieszanki przypraw na gęstą pastę.
- W garnku rozgrzej olej. Dodaj ciasto i smaż na średnim ogniu przez 4-5 minut. Dodaj wołowinę. Dobrze wymieszaj i smaż przez 8-10 minut.
- Dodaj jogurt, sól i wodę. Dobrze wymieszaj. Przykryj pokrywką i gotuj na wolnym ogniu przez 40 minut, od czasu do czasu mieszając. Podawać na gorąco.

Baranek Methi

(Jagnięcina Z Kozieradką)

Dla 4 osób

Składniki

120 ml rafinowanego oleju roślinnego

1 duża cebula, cienko pokrojona

6 ząbków czosnku, drobno posiekanych

600 g jagnięciny pokrojonej w kostkę

50 g świeżych liści kozieradki, drobno posiekanych

½ łyżeczki kurkumy

1 łyżeczka mielonej kolendry

Jogurt 125g/4½oz

600ml/1 litr wody

½ łyżeczki mielonego zielonego kardamonu

Sól dla smaku

metoda

- W garnku rozgrzej olej. Dodaj cebulę i czosnek i smaż na średnim ogniu przez 4 minuty.
- Dodaj jagnięcinę. Smażyć przez 7-8 minut. Dodaj pozostałe składniki. Dobrze wymieszaj i gotuj przez 45 minut. Podawać na gorąco.

Wołowina Indad

(Wołowina gotowana w sosie indyjskim)

Dla 4 osób

Składniki

675 g/1½ funta wołowiny, mielonej

1 cal/2,5 cm cynamonu

6 goździków

Sól dla smaku

1 litr/1¾ litra wody

5 łyżek rafinowanego oleju roślinnego

3 duże ziemniaki pokrojone w plasterki

Na mieszankę przypraw:

60 ml octu słodowego

3 duże cebule

2,5 cm korzenia imbiru

8 ząbków czosnku

½ łyżeczki kurkumy

2 suszone czerwone papryki

2 łyżeczki nasion kminku

metoda

- Wołowinę wymieszać z cynamonem, goździkami, solą i wodą. Gotuj w rondelku na średnim ogniu przez 45 minut. Odłożyć.
- Zmiel składniki mieszanki przypraw na gęstą pastę.
- W garnku rozgrzej olej. Dodaj pastę z mieszanki przypraw i smaż na małym ogniu przez 5-6 minut. Dodaj wołowinę i ziemniaki. Dobrze wymieszaj. Gotuj przez 15 minut i podawaj gorące.

zapiekanka z jagnięciny

Dla 4 osób

Składniki

3 łyżki rafinowanego oleju roślinnego

2 duże cebule, drobno posiekane

4 ząbki czosnku, drobno posiekane

500g/1lb 2 uncje jagnięciny, mielonej

2 łyżeczki mielonego kminku

6 łyżek przecieru pomidorowego

150 g czerwonej fasoli z puszki

250 ml bulionu mięsnego

Zmielony czarny pieprz do smaku

Sól dla smaku

metoda

- W garnku rozgrzej olej. Dodaj cebulę i czosnek i smaż na średnim ogniu przez 2-3 minuty. Dodaj mięso mielone i smaż przez 10 minut. Dodaj pozostałe składniki. Dobrze wymieszaj i gotuj przez 30 minut.
- Przełożyć do naczynia do zapiekania. Piec w temperaturze 180°C (350°F, gaz 4) przez 25 minut. Podawać na gorąco.

Jagnięcina Z Kardamonem

Dla 4 osób

Składniki

Sól dla smaku

200 g jogurtu

1½ łyżki pasty imbirowej

2½ łyżeczki pasty czosnkowej

2 łyżki mielonego zielonego kardamonu

675 g jagnięciny, pokrojonej na 3,5 cm kawałki

6 łyżek ghee

6 goździków

7,5 cm grubo mielonego cynamonu

4 duże cebule, cienko pokrojone

½ łyżeczki szafranu namoczonego w 2 łyżkach mleka

1 litr/1¾ litra wody

125 g prażonych orzechów włoskich

metoda

- Wymieszaj sól, jogurt, pastę imbirową, pastę czosnkową i kardamon. W tej mieszance marynuj mięso przez 2 godziny.
- Podgrzej ghee w rondelku. Dodaj goździki i cynamon. Pozwól im pluć przez 15 sekund.
- Dodaj cebulę. Smażyć przez 3-4 minuty. Dodaj marynowane mięso, szafran i wodę. Dobrze wymieszaj. Przykryj pokrywką i gotuj na wolnym ogniu przez 40 minut.
- Podawać gorące, udekorowane orzechami.

Kheema

(Mielona wołowina)

Dla 4 osób

Składniki

5 łyżek rafinowanego oleju roślinnego

4 duże cebule, drobno posiekane

1 łyżeczka pasty imbirowej

1 łyżeczka pasty czosnkowej

3 pomidory, drobno posiekane

2 łyżeczki garam masali

200 g mrożonego groszku

Sól dla smaku

675 g/1½ funta wołowiny, mielonej

500 ml/16 uncji wody

metoda

- W garnku rozgrzej olej. Dodaj cebulę i smaż na średnim ogniu, aż się zarumieni. Dodaj pastę imbirową, pastę czosnkową, pomidory, garam masala, groszek i sól. Dobrze wymieszaj. Smażyć przez 3-4 minuty.
- Dodaj wołowinę i wodę. Dobrze wymieszaj. Gotuj przez 40 minut i podawaj gorące.

Pikantne Frytki Wieprzowe

Dla 4 osób

Składniki

675 g wieprzowiny pokrojonej w kostkę

2 duże cebule, drobno posiekane

1 łyżeczka rafinowanego oleju roślinnego

1 litr/1¾ litra wody

Sól dla smaku

Na mieszankę przypraw:

250 ml octu

2 duże cebule

1 łyżka pasty imbirowej

1 łyżka pasty czosnkowej

1 łyżka mielonego czarnego pieprzu

1 łyżka zielonego chilli

1 łyżka kurkumy

1 łyżka chili w proszku

1 łyżka goździków

5 cm/2 cale cynamonu

1 łyżka zielonych strąków kardamonu

metoda

- Zmiel składniki mieszanki przypraw na gęstą pastę.
- W rondelku wymieszać z resztą składników. Przykryj szczelną pokrywką i gotuj na wolnym ogniu przez 50 minut. Podawać na gorąco.

Tandoori Raan

(pikantny udziec jagnięcy gotowany w tandoor)

Dla 4 osób

Składniki

udziec jagnięcy 675g/1½lb

Jogurt 400g/14oz

2 łyżki soku z cytryny

2 łyżeczki pasty imbirowej

2 łyżeczki pasty czosnkowej

1 łyżeczka mielonych goździków

1 łyżeczka mielonego cynamonu

2 łyżeczki chili w proszku

1 łyżeczka startej gałki muszkatołowej

masa szczypta

Sól dla smaku

Rafinowany olej roślinny do posmarowania

metoda

- Jagnięcinę nakłuwamy w całości widelcem.
- Pozostałe składniki, oprócz oleju, dobrze wymieszać. W tej mieszance marynuj jagnięcinę przez 4 do 6 godzin.
- Piecz jagnięcinę w piekarniku nagrzanym do 180°C (350°F, gaz 4) przez 1½ do 2 godzin, od czasu do czasu polewając polewą. Podawać na gorąco.

Baranek z Talaa

(Smażona Jagnięcina)

Dla 4 osób

Składniki

675 g jagnięciny, pokrojonej na 5 cm kawałki

Sól dla smaku

1 litr/1¾ litra wody

4 łyżki ghee

2 duże cebule pokrojone w plasterki

Na mieszankę przypraw:

8 suszonych papryk

1 łyżeczka kurkumy

1½ łyżki garam masali

2 łyżeczki maku

3 duże cebule, drobno posiekane

1 łyżeczka pasty z tamaryndowca

metoda

- Zmiel składniki mieszanki przypraw z wodą, aby uzyskać gęstą pastę.
- Wymieszaj tę pastę z mięsem, solą i wodą. Gotuj w rondelku na średnim ogniu przez 40 minut. Odłożyć.
- Podgrzej ghee w rondelku. Dodaj cebulę i smaż na średnim ogniu, aż się zarumieni. Dodaj mieszankę mięsną. Gotuj przez 6-7 minut i podawaj gorące.

duszony język

Dla 4 osób

Składniki

900g/2lb język wołowy

Sól dla smaku

1 litr/1¾ litra wody

1 łyżeczka ghee

3 duże cebule, drobno posiekane

2 cale/5 cm korzeń imbiru, pokrojone w julienne

4 pomidory, drobno posiekane

125 g mrożonego groszku

10 g drobno posiekanych liści mięty

1 łyżeczka octu słodowego

1 łyżeczka mielonego czarnego pieprzu

½ łyżki garam masali

metoda

- Umieść język w rondlu z solą i wodą i gotuj na średnim ogniu przez 45 minut. Odcedź i pozostaw na chwilę do ostygnięcia. Obierz ze skórki i pokrój w paski. Odłożyć.
- Podgrzej ghee w rondelku. Dodaj cebulę i imbir i smaż na średnim ogniu przez 2-3 minuty. Dodaj ugotowany język i wszystkie pozostałe składniki. Niech gotuje się przez 20 minut. Podawać na gorąco.

Smażone roladki z baraniny

Dla 4 osób

Składniki

75 g startego sera cheddar

½ łyżeczki mielonego czarnego pieprzu

1 łyżeczka pasty imbirowej

1 łyżeczka pasty czosnkowej

3 jajka, ubite

50 g posiekanych liści kolendry

100g bułki tartej

Sól dla smaku

675 g baraniny bez kości, pokrojonej na 10 cm kawałki i spłaszczone

4 łyżki ghee

250 ml/8 uncji wody

metoda

- Wymieszaj wszystkie składniki oprócz mięsa, ghee i wody. Nałóż mieszankę na jedną stronę kawałków mięsa. Każdy kawałek zwinąć ciasno i związać sznurkiem.
- Podgrzej ghee na patelni. Dodać roladki baranie i smażyć na średnim ogniu na złoty kolor. Dodaj wodę. Gotuj przez 15 minut i podawaj gorące.

masala ze smażonej wątroby

Dla 4 osób

Składniki

4 łyżki rafinowanego oleju roślinnego

675 g wątróbki jagnięcej, pokrojonej w 5 cm paski

2 łyżki imbiru pokrojonego w julienne

15 ząbków czosnku, drobno posiekanych

8 zielonych papryczek chilli, przekrojonych wzdłuż

2 łyżeczki mielonego kminku

1 łyżeczka kurkumy

Jogurt 125g/4½oz

1 łyżeczka mielonego czarnego pieprzu

Sól dla smaku

50 g posiekanych liści kolendry

Sok z 1 cytryny

metoda

- W garnku rozgrzej olej. Dodaj paski wątroby i smaż je na średnim ogniu przez 10-12 minut.
- Dodaj imbir, czosnek, zielone chilli, kminek i kurkumę. Smażyć przez 3-4 minuty. Dodaj jogurt, pieprz i sól. Brązuj przez 6-7 minut.
- Dodaj listki kolendry i sok z cytryny. Smażyć na małym ogniu przez 5 do 6 minut. Podawać na gorąco.

Pikantny język wołowy

Dla 4 osób

Składniki

900g/2lb język wołowy

Sól dla smaku

1,5 litra/2¾ litra wody

2 łyżeczki nasion kminku

12 ząbków czosnku

5 cm/2 cale cynamonu

4 goździki

6 suszonych czerwonych papryk

8 ziaren czarnego pieprzu

6 łyżek octu słodowego

3 łyżki rafinowanego oleju roślinnego

2 duże cebule, drobno posiekane

3 pomidory, drobno posiekane

1 łyżeczka kurkumy

metoda

- Gotuj język z solą i 1,2 litra wody w rondlu na małym ogniu przez 45 minut. Obierz skórę. Pokrój języki w kostkę i odłóż na bok.
- Zmiel nasiona kminku, czosnek, cynamon, goździki, suszone czerwone papryczki chilli i ziarna pieprzu z octem, aby uzyskać gładką pastę. Odłożyć.
- W garnku rozgrzej olej. Podsmaż cebulę na średnim ogniu, aż będzie przezroczysta. Dodaj zmieloną pastę, pokrojony w kostkę język, pomidory, kurkumę i pozostałą wodę. Gotuj przez 20 minut i podawaj gorące.

Jagnięcina Pasanda

(Kebab Jagnięcy W Sosie Jogurtowym)

Dla 4 osób

Składniki

½ łyżki rafinowanego oleju roślinnego

3 duże cebule, pokrojone wzdłuż

¼ małej niedojrzałej papai, zmielonej

200 g jogurtu

2 łyżeczki garam masali

Sól dla smaku

750g/1lb 10oz jagnięciny bez kości, pokrojonej na 5cm kawałki

metoda

- W garnku rozgrzej olej. Podsmaż cebulę na małym ogniu, aż się zarumieni.
- Odcedź i zmiel cebulę na pastę. Wymieszać z pozostałymi składnikami oprócz jagnięciny. W tej mieszance marynuj jagnięcinę przez 5 godzin.
- Ułożyć w formie do ciasta i piec w piekarniku nagrzanym do 180°C (350°F, gaz 4) przez 30 minut. Podawać na gorąco.

Curry Jagnięce I Jabłkowe

Dla 4 osób

Składniki

5 łyżek rafinowanego oleju roślinnego

4 duże cebule pokrojone w plasterki

4 duże blanszowane pomidory (ok techniki gotowania)

½ łyżeczki pasty czosnkowej

2 łyżeczki mielonej kolendry

2 łyżeczki mielonego kminku

1 łyżeczka chili w proszku

30 g/1 uncja nerkowców, zmielonych

750 g jagnięciny bez kości, pokrojonej na 2,5 cm kawałki

200 g jogurtu

1 łyżeczka mielonego czarnego pieprzu

Sól dla smaku

750 ml/1¼ litra wody

4 jabłka pokrojone na 3,5 cm kawałki

120 ml świeżej śmietanki w płynie

metoda

- Rozgrzej olej na patelni. Podsmaż cebulę na małym ogniu, aż się zarumieni.
- Dodaj pomidory, pastę czosnkową, kolendrę i kminek. Smażyć przez 5 minut.
- Dodać pozostałe składniki oprócz wody, jabłek i śmietany. Dobrze wymieszaj i smaż przez 8-10 minut.
- Wlewać wodę. Niech gotuje się przez 40 minut. Dodaj jabłka i mieszaj przez 10 minut. Dodaj śmietanę i mieszaj przez kolejne 5 minut. Podawać na gorąco.

Suszona baranina Andhra

Dla 4 osób

Składniki

675g/1½lb baraniny, mielonej

4 duże cebule, cienko pokrojone

6 pomidorów, drobno posiekanych

1½ łyżeczki pasty imbirowej

1½ łyżeczki pasty czosnkowej

50 g świeżego kokosa, startego

2½ łyżki garam masali

½ łyżeczki mielonego czarnego pieprzu

1 łyżeczka kurkumy

Sól dla smaku

500 ml/16 uncji wody

6 łyżek rafinowanego oleju roślinnego

metoda

- Wszystkie składniki oprócz oleju mieszamy ze sobą. Gotuj w rondelku na średnim ogniu przez 40 minut. Odcedź mięso i odlej bulion.

- Rozgrzej olej w innym rondlu. Dodaj ugotowane mięso i smaż przez 10 minut na średnim ogniu. Podawać na gorąco.

Proste curry z wołowiny

Dla 4 osób

Składniki

3 łyżki rafinowanego oleju roślinnego

2 duże cebule, drobno posiekane

750 g wołowiny, pokrojonej na 2,5 cm kawałki

1 łyżeczka pasty imbirowej

1 łyżeczka pasty czosnkowej

1 łyżeczka chili w proszku

½ łyżeczki kurkumy

Sól dla smaku

300g jogurtu

1,2 litra / 2 kwarty wody

metoda

- W garnku rozgrzej olej. Podsmaż cebulę na małym ogniu, aż się zarumieni.
- Dodać pozostałe składniki oprócz jogurtu i wody. Smaż przez 6-7 minut. Dodaj jogurt i wodę. Niech gotuje się przez 40 minut. Podawać na gorąco.

Gosht Korma

(Baranina Bogata W Sosie)

Dla 4 osób

Składniki

3 łyżki maku

75g orzechów nerkowca

50 g/1¾ uncji wiórków kokosowych

3 łyżki rafinowanego oleju roślinnego

1 duża cebula, cienko pokrojona

2 łyżki pasty imbirowej

2 łyżki pasty czosnkowej

675 g baraniny bez kości, pokrojonej w kostkę

200 g jogurtu

10 g liści kolendry, posiekanych

10 g liści mięty, posiekanych

½ łyżeczki garam masali

Sól dla smaku

1 litr/1¾ litra wody

metoda

- Mak, orzechy nerkowca i kokos prażymy na sucho. Zmiel z wystarczającą ilością wody, aby utworzyć gęstą pastę. Odłożyć.
- W garnku rozgrzej olej. Podsmaż cebulę, pastę imbirową i pastę czosnkową na średnim ogniu przez 1-2 minuty.
- Dodać pastę makowo-nerkowcową i pozostałe składniki oprócz wody. Dobrze wymieszaj i smaż przez 5-6 minut.
- Dodaj wodę. Dusić 40 minut, często mieszając. Podawać na gorąco.

Kotlety Erachi

(delikatne kotlety baranie)

Dla 4 osób

Składniki

Kotleciki baranie 750g/1lb 10oz

Sól dla smaku

1 łyżeczka kurkumy

1 litr/1¾ litra wody

2 łyżki rafinowanego oleju roślinnego

1 łyżeczka pasty imbirowej

1 łyżeczka pasty czosnkowej

3 duże cebule pokrojone w plasterki

5 zielonych papryczek chilli, przekrojonych wzdłuż

2 duże pomidory, drobno posiekane

½ łyżeczki mielonej kolendry

1 łyżka mielonego czarnego pieprzu

1 łyżka soku z cytryny

2 łyżki posiekanych liści kolendry

metoda

- Marynuj kotlety baranie z solą i kurkumą przez 2-3 godziny.
- Gotuj mięso z wodą na małym ogniu przez 40 minut. Odłożyć.
- W garnku rozgrzej olej. Dodaj pastę imbirową, pastę czosnkową, cebulę i zielone chilli i smaż na średnim ogniu przez 3-4 minuty.
- Dodaj pomidory, mieloną kolendrę i pieprz. Dobrze wymieszaj. Smażyć 5 do 6 minut. Dodaj baraninę i smaż przez 10 minut.

- Udekoruj sokiem z cytryny i listkami kolendry. Podawać na gorąco.

Siekane w piekarniku

Dla 4 osób

Składniki

3 łyżki rafinowanego oleju roślinnego

2 duże cebule, drobno posiekane

6 ząbków czosnku, drobno posiekanych

600g/1lb 5 uncji baraniny, mielonej

2 łyżeczki mielonego kminku

125g przecieru pomidorowego

600 g / 1 funt 5 uncji fasoli w puszce

500 ml bulionu baraniego

½ łyżeczki mielonego czarnego pieprzu

Sól dla smaku

metoda

- W garnku rozgrzej olej. Dodaj cebulę i czosnek. Smażyć na małym ogniu przez 2-3 minuty. Dodać pozostałe składniki. Gotuj przez 30 minut.
- Przełożyć do naczynia żaroodpornego i piec w temperaturze 200°C (400°F, gaz 6) przez 25 minut. Podawać na gorąco.

Kaleji Do Pyaaza

(Wątroba z cebulą)

Dla 4 osób

Składniki

4 łyżki ghee

3 duże cebule, drobno posiekane

2,5 cm korzeń imbiru, drobno posiekany

10 ząbków czosnku, drobno posiekanych

4 zielone papryczki chilli, pokrojone wzdłuż

1 łyżeczka kurkumy

3 pomidory, drobno posiekane

750g/1lb 10 uncji wątróbki jagnięcej, pokrojonej w kostkę

2 łyżeczki garam masali

200 g jogurtu

Sól dla smaku

250 ml/8 uncji wody

metoda

- Podgrzej ghee w rondelku. Dodaj cebulę, imbir, czosnek, zielone chilli i kurkumę i smaż na średnim ogniu przez 3-4 minuty. Dodaj wszystkie pozostałe składniki oprócz wody. Dobrze wymieszaj. Smażyć przez 7-8 minut.
- Dodaj wodę. Dusić 30 minut, od czasu do czasu mieszając. Podawać na gorąco.

Jagnięcina z kością

Dla 4 osób

Składniki

30 g drobno posiekanych listków mięty

3 zielone papryczki chilli, drobno posiekane

12 ząbków czosnku, drobno posiekanych

Sok z 1 cytryny

675 g udźca jagnięcego, pokrojonego na 4 części

5 łyżek rafinowanego oleju roślinnego

Sól dla smaku

500 ml/16 uncji wody

1 duża cebula, drobno posiekana

4 duże ziemniaki pokrojone w kostkę

5 małych bakłażanów, przekrojonych na pół

3 pomidory, drobno posiekane

metoda

- Zmiel liście mięty, zielone papryczki chilli i czosnek z wystarczającą ilością wody, aby uzyskać gładką pastę. Dodaj sok z cytryny i dobrze wymieszaj.
- W tej mieszance marynuj mięso przez 30 minut.
- W garnku rozgrzej olej. Dodaj marynowane mięso i smaż na małym ogniu przez 8 do 10 minut. Dodaj sól i wodę i gotuj na wolnym ogniu przez 30 minut.
- Dodaj wszystkie pozostałe składniki. Gotuj przez 15 minut i podawaj gorące.

Wołowina Vindaloo

(Curry z Wołowiną Goan)

Dla 4 osób

Składniki

3 duże cebule, drobno posiekane

5 cm/2 cale korzenia imbiru

10 ząbków czosnku

1 łyżka nasion kminku

½ łyżki mielonej kolendry

2 łyżeczki czerwonej papryki

½ łyżeczki nasion kozieradki

½ łyżeczki nasion gorczycy

60 ml octu słodowego

Sól dla smaku

675 g wołowiny bez kości, pokrojonej w 2,5 cm kawałki

3 łyżki rafinowanego oleju roślinnego

1 litr/1¾ litra wody

metoda

- Wszystkie składniki oprócz mięsa, oleju i wody zmiksować na gęstą pastę. Taką pastą marynuj mięso przez 2 godziny.
- W garnku rozgrzej olej. Dodaj marynowane mięso i smaż na małym ogniu przez 7-8 minut. Dodaj wodę. Dusić 40 minut, od czasu do czasu mieszając. Podawać na gorąco.

wołowina curry

Dla 4 osób

Składniki

4 łyżki rafinowanego oleju roślinnego

3 duże cebule, starte

1½ łyżki mielonego kminku

1 łyżeczka kurkumy

1 łyżeczka chili w proszku

½ łyżki mielonego czarnego pieprzu

4 średnie pomidory, puree

675 g chudej wołowiny, pokrojonej w 2,5-centymetrowe kawałki

Sól dla smaku

1½ łyżeczki suszonych liści kozieradki

250 ml płynnej śmietany

metoda

- W garnku rozgrzej olej. Dodaj cebulę i smaż na średnim ogniu, aż się zarumieni.
- Dodaj pozostałe składniki oprócz liści kozieradki i śmietany.
- Dobrze wymieszaj i gotuj przez 40 minut. Dodaj liście kozieradki i śmietanę. Gotuj przez 5 minut i podawaj na gorąco.

dyniowa baranina

Dla 4 osób

Składniki

750g/1lb 10 uncji baraniny, mielonej

200 g jogurtu

Sól dla smaku

2 duże cebule

2,5 cm korzenia imbiru

7 ząbków czosnku

5 łyżek ghee

łyżeczka kurkumy

1 łyżeczka garam masali

2 liście laurowe

750 ml/1¼ litra wody

400 g dyni, ugotowanej i rozgniecionej

metoda

- Marynuj baraninę z jogurtem i solą przez 1 godzinę.
- Zmiel cebulę, imbir i czosnek z wystarczającą ilością wody, aby utworzyć gęstą pastę. Podgrzej ghee w rondelku. Dodaj pastę z kurkumą i smaż przez 3-4 minuty.
- Dodaj garam masala, liście laurowe i baraninę. Smażyć przez 10 minut.
- Dodaj wodę i dynię. Gotuj przez 40 minut i podawaj gorące.

Gusztaba

(Owce po kaszmirsku)

Dla 4 osób

Składniki

675 g baraniny bez kości

6 strąków czarnego kardamonu

Sól dla smaku

4 łyżki ghee

4 duże cebule pokrojone w krążki

Jogurt 600g/1lb 5oz

1 łyżeczka mielonych nasion kopru włoskiego

1 łyżka mielonego cynamonu

1 łyżka mielonych goździków

1 łyżka listków mięty, zmiażdżonych

metoda

- Utrzyj baraninę z kardamonem i solą do miękkości. Podziel na 12 kulek i odłóż na bok.
- Podgrzej ghee w rondelku. Podsmaż cebulę na małym ogniu, aż się zarumieni. Dodaj jogurt i gotuj na wolnym ogniu przez 8-10 minut, ciągle mieszając.
- Dodaj klopsiki i wszystkie pozostałe składniki oprócz listków mięty. Niech gotuje się przez 40 minut. Podawać udekorowane listkami mięty.

Owce z mieszanką zieleni i ziół

Dla 4 osób

Składniki

5 łyżek rafinowanego oleju roślinnego

3 duże cebule, drobno posiekane

750g/1lb 10oz baraniny, pokrojonej w kostkę

50g liści amarantusa*, drobno posiekane

100 g liści szpinaku, drobno posiekanych

50 g posiekanych liści kozieradki

50 g drobno posiekanych liści kopru

50 g posiekanych liści kolendry

1 łyżeczka pasty imbirowej

1 łyżeczka pasty czosnkowej

3 zielone papryczki chilli, drobno posiekane

1 łyżeczka kurkumy

2 łyżeczki mielonej kolendry

1 łyżeczka mielonego kminku

Sól dla smaku

1 litr/1¾ litra wody

metoda

- W garnku rozgrzej olej. Podsmaż cebulę na średnim ogniu, aż się zarumieni. Dodać pozostałe składniki oprócz wody. Brązowy przez 12 minut.
- Dodaj wodę. Gotuj przez 40 minut i podawaj gorące.

Baranek cytrynowy

Dla 4 osób

Składniki

750 g jagnięciny, pokrojonej na 2,5 cm kawałki

2 pomidory, drobno posiekane

4 zielone papryczki chilli, drobno posiekane

1 łyżeczka pasty imbirowej

1 łyżeczka pasty czosnkowej

2 łyżeczki garam masali

Jogurt 125g/4½oz

500 ml/16 uncji wody

Sól dla smaku

1 łyżka rafinowanego oleju roślinnego

10 szalotek

3 łyżki soku z cytryny

metoda

- Wymieszaj jagnięcinę ze wszystkimi pozostałymi składnikami oprócz oliwy, szalotki i soku z cytryny. Gotuj w rondelku na średnim ogniu przez 45 minut. Odłożyć.

- W garnku rozgrzej olej. Smaż szalotki na małym ogniu przez 5 minut.
- Wymieszać z jagnięciną curry i skropić sokiem z cytryny. Podawać na gorąco.

Pasanda jagnięca z migdałami

(Kawałki jagnięciny z migdałami w sosie jogurtowym)

Dla 4 osób

Składniki

120 ml rafinowanego oleju roślinnego

4 duże cebule, drobno posiekane

750g/1lb 10oz jagnięciny bez kości, pokrojonej na 5cm kawałki

3 pomidory, drobno posiekane

1 łyżeczka pasty imbirowej

1 łyżeczka pasty czosnkowej

2 łyżeczki mielonego kminku

1½ łyżeczki garam masali

Sól dla smaku

200 g jogurtu greckiego

750 ml/1¼ litra wody

25 migdałów, grubo posiekanych

metoda

- W garnku rozgrzej olej. Dodaj cebulę i smaż na małym ogniu przez 6 minut. Dodaj jagnięcinę i smaż przez 8 do 10 minut. Dodać pozostałe składniki oprócz jogurtu, wody i migdałów. Brązuj przez 5 do 6 minut.
- Dodaj jogurt, wodę i połowę migdałów. Dusić 40 minut, często mieszając. Podawać posypane pozostałymi migdałami.

Smażona Chili Kiełbasa Wieprzowa

Dla 4 osób

Składniki

2 łyżki oleju

1 duża cebula, pokrojona w plasterki

400g/14 uncji kiełbas wieprzowych

1 zielona papryka, pokrojona w julienne

1 ziemniak, ugotowany i posiekany

½ łyżeczki pasty imbirowej

½ łyżeczki pasty czosnkowej

½ łyżeczki chili w proszku

łyżeczka kurkumy

10 g liści kolendry, posiekanych

Sól dla smaku

4 łyżki wody

metoda

- W garnku rozgrzej olej. Dodaj cebulę i smaż przez minutę. Zmniejsz ogień i dodaj wszystkie pozostałe składniki oprócz wody. Delikatnie smaż przez 10-15 minut, aż kiełbaski się ugotują.
- Dodaj wodę i gotuj na małym ogniu przez 5 minut. Podawać na gorąco.

Owca Szahdżahan

(Baranina gotowana w bogatym sosie Moghlai)

Dla 4 osób

Składniki

5-6 łyżek ghee

4 duże cebule pokrojone w plasterki

675g/1½lb baraniny, mielonej

1 litr/1¾ litra wody

Sól dla smaku

8-10 migdałów, posiekanych

Na mieszankę przypraw:

8 ząbków czosnku

2,5 cm korzenia imbiru

2 łyżeczki maku

50 g posiekanych liści kolendry

5 cm/2 cale cynamonu

4 goździki

metoda

- Zmiel składniki mieszanki przypraw na pastę. Odłożyć.
- Podgrzej ghee w rondelku. Podsmaż cebulę na małym ogniu, aż się zarumieni.
- Dodać pastę z mieszanki przypraw. Smażyć 5 do 6 minut. Dodaj baraninę i smaż przez 18-20 minut. Dodaj wodę i sól. Gotuj przez 30 minut.
- Udekorować migdałami i podawać na gorąco.

Smażona pasta rybna

Dla 4 osób

Składniki

1 kg żabnicy, bez skóry i filetowana

½ łyżeczki kurkumy

Sól dla smaku

125 g/4½ uncji fasoli*

3 łyżki bułki tartej

½ łyżeczki chili w proszku

½ łyżeczki mielonego czarnego pieprzu

1 zielona papryczka chilli, posiekana

1 łyżeczka nasion adżwanu

3 łyżki posiekanych liści kolendry

500 ml/16 uncji wody

Rafinowany olej roślinny do smażenia

metoda

- Marynuj rybę z kurkumą i solą przez 30 minut.

- Resztę składników oprócz oleju zmiksować na pastę.

- Rozgrzej olej na patelni. Zanurz marynowane ryby w cieście i smaż na średnim ogniu na złoty kolor.

- Osączamy na papierowym ręczniku i podajemy gorące.

Caldine z ryb

(ryba po goan)

Dla 4 osób

Składniki

3 łyżki rafinowanego oleju roślinnego

3 duże cebule, cienko pokrojone

6 zielonych papryczek chilli, pokrojonych wzdłuż

750g/1lb 10 uncji filetów z okonia morskiego, posiekanych

1 łyżeczka mielonego kminku

1 łyżeczka kurkumy

1 łyżeczka pasty imbirowej

1 łyżeczka pasty czosnkowej

360 ml mleka kokosowego

2 łyżeczki pasty z tamaryndowca

Sól dla smaku

metoda

- W garnku rozgrzej olej. Dodaj cebulę i smaż na małym ogniu, aż się zarumieni.

- Dodaj zielone papryczki chilli, rybę, mielony kminek, kurkumę, pastę imbirową, pastę czosnkową i mleko kokosowe. Dobrze wymieszaj i gotuj przez 10 minut.

- Dodaj pastę z tamaryndowca i sól. Dobrze wymieszaj i gotuj przez 15 minut. Podawać na gorąco.

Curry z krewetkami i jajkiem

Dla 4 osób

Składniki

3 łyżki rafinowanego oleju roślinnego

2 goździki

1 cal/2,5 cm cynamonu

6 ziaren czarnego pieprzu

2 liście laurowe

1 duża cebula, drobno posiekana

½ łyżeczki kurkumy

1 łyżeczka pasty imbirowej

1 łyżeczka pasty czosnkowej

1 łyżeczka garam masali

12 dużych krewetek, obranych i pozbawionych żyłek

Sól dla smaku

200 g/7 uncji przecieru pomidorowego

120 ml wody

4 jajka na twardo, przekrojone wzdłuż na pół

metoda

- W garnku rozgrzej olej. Dodaj goździki, cynamon, ziarna pieprzu i liście laurowe. Pozwól im pluć przez 15 sekund.

- Dodać pozostałe składniki oprócz przecieru pomidorowego, wody i jajek. Smażyć na średnim ogniu przez 6-7 minut. Dodać przecier pomidorowy i wodę. Pozwól gotować przez 10-12 minut.

- Ostrożnie dodaj jajka. Gotuj przez 4-5 minut. Podawać na gorąco.

kretowa ryba

(Ryba gotowana w Basic Simple Curry)

Dla 4 osób

Składniki

2 łyżki ghee

1 mała cebula, drobno posiekana

4 ząbki czosnku, cienko pokrojone

2,5 cm korzeń imbiru, cienko pokrojony

6 zielonych papryczek chilli, pokrojonych wzdłuż

1 łyżeczka kurkumy

Sól dla smaku

750 ml/1¼ litra mleka kokosowego

1 kg okonia morskiego, bez skóry i filetowany

metoda

- Podgrzej ghee w rondelku. Dodaj cebulę, czosnek, imbir i paprykę. Smażyć na małym ogniu przez 2 minuty. Dodaj kurkumę. Gotuj 3-4 minuty.

- Dodaj sól, mleko kokosowe i rybę. Dobrze wymieszaj i gotuj przez 15-20 minut. Podawać na gorąco.

Krewetki Bharta

(Krewetki gotowane w klasycznym sosie indyjskim)

Dla 4 osób

Składniki

100 ml oleju musztardowego

1 łyżeczka nasion kminku

1 duża cebula, starta

1 łyżeczka kurkumy

1 łyżeczka garam masali

2 łyżeczki pasty imbirowej

2 łyżeczki pasty czosnkowej

2 pomidory, drobno posiekane

3 zielone papryczki chilli, pokrojone wzdłuż

750 g 10 uncji krewetek, obranych i pozbawionych żyłek

250 ml/8 uncji wody

Sól dla smaku

metoda

- W garnku rozgrzej olej. Dodaj nasiona kminku. Pozwól im pluć przez 15 sekund. Dodaj cebulę i smaż na średnim ogniu, aż się zarumieni.

- Dodaj wszystkie pozostałe składniki. Gotuj przez 15 minut i podawaj gorące.

Pikantne ryby i warzywa

Dla 4 osób

Składniki

2 łyżki oleju musztardowego

500 g / 1 funt 2 uncje soli cytrynowej, obranej i filetowanej

łyżeczka nasion gorczycy

łyżeczka nasion kopru włoskiego

łyżeczka nasion kozieradki

łyżeczka nasion kminku

2 liście laurowe

½ łyżeczki kurkumy

2 suche czerwone papryczki chilli, przekrojone na pół

1 duża cebula, cienko pokrojona

200 g mrożonych mieszanych warzyw

360ml/12floz wody

Sól dla smaku

metoda

- W garnku rozgrzej olej. Dodać rybę i smażyć na średnim ogniu na złoty kolor. Wróć i powtórz. Odcedź i zarezerwuj.

- Do tego samego oleju dodaj gorczycę, koper włoski, nasiona kozieradki i kminku, liście laurowe, kurkumę i czerwoną paprykę. Smażyć przez 30 sekund.

- Dodaj cebulę. Smaż na średnim ogniu przez 1 minutę. Dodaj pozostałe składniki i smażoną rybę. Gotować przez 30 minut i podawać gorące.

Kotlet z makreli

Dla 4 osób

Składniki

4 duże makrele, oczyszczone

Sól dla smaku

½ łyżeczki kurkumy

2 łyżeczki octu słodowego

250 ml/8 uncji wody

1 łyżka rafinowanego oleju roślinnego plus trochę więcej do płytkiego smażenia

2 duże cebule, drobno posiekane

1 łyżeczka pasty imbirowej

1 łyżeczka pasty czosnkowej

1 pomidor, drobno posiekany

1 łyżeczka mielonego czarnego pieprzu

1 ubite jajko

10 g liści kolendry, posiekanych

3 kromki chleba, namoczone i odciśnięte

60 g mąki ryżowej

metoda

- Gotuj makrelę w rondlu z solą, kurkumą, octem i wodą na średnim ogniu przez 15 minut. Kość i miazga. Odłożyć.

- W garnku rozgrzej 1 łyżkę oleju. Podsmaż cebulę na małym ogniu, aż się zarumieni.

- Dodaj pastę imbirową, pastę czosnkową i pomidora. Brązowy przez 4-5 minut.

- Dodaj pieprz i sól i zdejmij z ognia. Wymieszaj z purée rybnym, jajkiem, liśćmi kolendry i chlebem. Zagnieść i uformować 8 kotletów.

- Rozgrzej olej na patelni. Kotlety obtaczamy w mące ryżowej i smażymy na średnim ogniu przez 4-5 minut. Wróć i powtórz. Podawać na gorąco.

Krab Tandoori

Dla 4 osób

Składniki

2 łyżeczki pasty imbirowej

2 łyżeczki pasty czosnkowej

2 łyżeczki garam masali

1 łyżka soku z cytryny

Jogurt grecki 125g/4½oz

Sól dla smaku

4 kraby, oczyszczone

1 łyżka rafinowanego oleju roślinnego

metoda

- Wymieszaj wszystkie składniki oprócz krabów i oleju. W tej mieszance marynuj kraby przez 3-4 godziny.
- Posmaruj marynowanego kraba olejem. Grillować przez 10-15 minut. Podawać na gorąco.

Faszerowana Ryba

Dla 4 osób

Składniki

- 2 łyżki rafinowanego oleju roślinnego plus trochę więcej do płytkiego smażenia
- 1 duża cebula, drobno posiekana
- 1 duży pomidor, drobno posiekany
- 1 łyżeczka pasty imbirowej
- 1 łyżeczka pasty czosnkowej
- 1 łyżeczka mielonej kolendry
- 1 łyżeczka mielonego kminku
- Sól dla smaku
- 1 łyżeczka kurkumy
- 2 łyżki octu słodowego
- 1 kg łososia, przepołowiony w brzuchu
- 25 g/bit 1 uncja bułki tartej

metoda

- W garnku rozgrzej 2 łyżki oleju. Dodaj cebulę i smaż na małym ogniu, aż się zarumieni. Dodać pozostałe składniki oprócz octu, ryby i bułki tartej. Brązowy przez 5 minut.
- Dodaj ocet. Gotuj przez 5 minut. Taką mieszanką nadziewamy rybę.
- Pozostały olej rozgrzej na patelni. Rybę obtaczamy w bułce tartej i smażymy na średnim ogniu na złoty kolor. Wróć i powtórz. Podawać na gorąco.

Curry z krewetek i kalafiora

Dla 4 osób

Składniki

10 łyżek rafinowanego oleju roślinnego

1 duża cebula, drobno posiekana

łyżeczka kurkumy

250 g krewetek, obranych i oczyszczonych

200 g/7 uncji różyczek kalafiora

Sól dla smaku

Na mieszankę przypraw:

1 łyżka nasion kolendry

1 łyżka garam masali

5 czerwonych papryk

2,5 cm korzenia imbiru

8 ząbków czosnku

60 g/2 uncje świeżego kokosa

metoda

- Na patelni rozgrzej połowę oleju. Dodaj składniki mieszanki przypraw i smaż na średnim ogniu przez 5 minut. Zmiel na gęstą pastę. Odłożyć.
- Pozostały olej rozgrzej w rondlu. Podsmaż cebulę na średnim ogniu, aż będzie przezroczysta. Dodaj wszystkie pozostałe składniki i pastę przyprawową.
- Dusić 15-20 minut, od czasu do czasu mieszając. Podawać na gorąco.

Smażone Małże

Dla 4 osób

Składniki

500 g małży, oczyszczonych

6 łyżek rafinowanego oleju roślinnego

2 duże cebule, drobno posiekane

1 łyżeczka kurkumy

1 łyżeczka garam masali

2 łyżeczki pasty imbirowej

2 łyżeczki pasty czosnkowej

10 g liści kolendry, posiekanych

6 kokum*

Sól dla smaku

250 ml/8 uncji wody

metoda

- Małże gotować na parze przez 25 minut. Odłożyć.
- W garnku rozgrzej olej. Podsmaż cebulę na małym ogniu, aż się zarumieni.
- Dodać pozostałe składniki oprócz wody. Brązuj przez 5 do 6 minut.
- Dodaj ugotowane na parze małże i wodę. Przykryć pokrywką i dusić przez 10 minut. Podawać na gorąco.

Smażone Krewetki

Dla 4 osób

Składniki

250 g obranych krewetek

250g/9 uncji fasoli*

2 zielone papryczki chilli, drobno posiekane

1 łyżeczka chili w proszku

1 łyżeczka kurkumy

1 łyżeczka mielonej kolendry

1 łyżeczka mielonego kminku

½ łyżeczki amchooru*

1 mała cebula, starta

łyżeczka sody oczyszczonej

Sól dla smaku

Rafinowany olej roślinny do smażenia

metoda

- Wymieszaj wszystkie składniki, z wyjątkiem oleju, z wystarczającą ilością wody, aby utworzyć gęstą pastę.
- Rozgrzej olej na patelni. Nakładać na nie kilka łyżek ciasta i smażyć na średnim ogniu na złoty kolor ze wszystkich stron.
- Czynność powtórzyć dla reszty ciasta. Podawać na gorąco.

Makrela w sosie pomidorowym

Dla 4 osób

Składniki

1 łyżka rafinowanego oleju roślinnego

2 duże cebule, drobno posiekane

2 pomidory, drobno posiekane

1 łyżka pasty imbirowej

1 łyżka pasty czosnkowej

1 łyżeczka chili w proszku

½ łyżeczki kurkumy

8 suchych kokum*

2 zielone papryczki chilli, pokrojone

Sól dla smaku

4 duże makrele, obrane i filetowane

120 ml wody

metoda

- W garnku rozgrzej olej. Podsmaż cebulę na średnim ogniu, aż się zarumieni. Dodaj wszystkie pozostałe składniki oprócz ryby i wody. Dobrze wymieszaj i smaż przez 5-6 minut.

- Dodaj rybę i wodę. Dobrze wymieszaj. Gotuj przez 15 minut i podawaj gorące.

Konju Ullaruathu

(Scampi w Red Masala)

Dla 4 osób

Składniki

120 ml rafinowanego oleju roślinnego

1 duża cebula, drobno posiekana

Korzeń imbiru o długości 2 cali/5 cm, cienko pokrojony

12 ząbków czosnku, cienko pokrojonych

2 łyżki zielonych chilli, drobno posiekanych

8 liści curry

2 pomidory, drobno posiekane

1 łyżeczka kurkumy

2 łyżeczki mielonej kolendry

1 łyżeczka mielonego kopru włoskiego

600 g langusty, obranych i pozbawionych żyłek

3 łyżeczki chilli w proszku

Sól dla smaku

1 łyżeczka garam masali

metoda

- W garnku rozgrzej olej. Dodaj cebulę, imbir, czosnek, zielone chilli i liście curry i smaż na średnim ogniu przez 1-2 minuty.
- Dodaj wszystkie pozostałe składniki oprócz garam masala. Dobrze wymieszaj i gotuj na małym ogniu przez 15-20 minut.
- Posyp garam masala i podawaj na gorąco.

Chemeen Manga Curry

(Krewetki Curry Z Niedojrzałym Mango)

Dla 4 osób

Składniki

200 g/7 uncji świeżego kokosa, startego

1 łyżka chili w proszku

2 duże cebule, cienko pokrojone

3 łyżki rafinowanego oleju roślinnego

2 zielone chilli, posiekane

2,5 cm korzeń imbiru, cienko pokrojony

Sól dla smaku

1 łyżeczka kurkumy

1 małe niedojrzałe mango pokrojone w kostkę

120 ml wody

750 g 10 uncji krewetek tygrysich, obranych i pozbawionych żyłek

1 łyżeczka nasion gorczycy

10 liści curry

2 całe czerwone papryki

4-5 szalotek, pokrojonych w plasterki

metoda

- Zmiel kokos, chili w proszku i połowę cebuli. Odłożyć.
- W garnku rozgrzej połowę oleju. Podsmaż pozostałą cebulę z zielonym chilli, imbirem, solą i kurkumą na małym ogniu przez 3-4 minuty.
- Dodaj pastę kokosową, niedojrzałe mango i wodę. Gotować przez 8 minut.
- Dodać krewetki. Dusić 10-12 minut i odstawić.
- Pozostały olej rozgrzać. Dodaj nasiona gorczycy, liście curry, chilli i szalotki. Smaż przez minutę. Dodaj tę mieszankę do krewetek i podawaj na gorąco.

Proste frytki Machchi

(smażona ryba z przyprawami)

Dla 4 osób

Składniki

8 jędrnych filetów z białej ryby, np. dorsza

łyżeczka kurkumy

½ łyżeczki chili w proszku

1 łyżeczka soku z cytryny

8 uncji/250 ml rafinowanego oleju roślinnego

2 łyżki zwykłej białej mąki

metoda

- Marynuj rybę z kurkumą, chili w proszku i sokiem z cytryny przez 1 godzinę.
- Rozgrzej olej na patelni. Obtaczamy rybę w mące i smażymy na średnim ogniu przez 3-4 minuty. Odwróć i smaż przez 2-3 minuty. Podawać na gorąco.

Machher Kalia

(Ryba w bogatym sosie)

Dla 4 osób

Składniki

1 łyżeczka nasion kolendry

2 łyżeczki nasion kminku

1 łyżeczka chili w proszku

2,5 cm korzeń imbiru, obrany

250 ml/8 uncji wody

120 ml rafinowanego oleju roślinnego

500g/1lb 2 uncje filetów z pstrąga, bez skóry

3 liście laurowe

1 duża cebula, drobno posiekana

4 ząbki czosnku, drobno posiekane

4 zielone papryczki chilli, pokrojone

Sól dla smaku

1 łyżeczka kurkumy

2 łyżki jogurtu

metoda

- Zmiel nasiona kolendry, kminku, chili w proszku i imbir z wystarczającą ilością wody, aby utworzyć gęstą pastę. Odłożyć.
- W garnku rozgrzej olej. Dodaj rybę i smaż na średnim ogniu przez 3-4 minuty. Wróć i powtórz. Odcedź i zarezerwuj.
- Do tego samego oleju dodaj liście laurowe, cebulę, czosnek i zielone chili. Smażyć przez 2 minuty. Dodaj pozostałe składniki, smażoną rybę i ciasto. Dobrze wymieszaj i gotuj przez 15 minut. Podawać na gorąco.

Ryba smażona w jajku

Dla 4 osób

Składniki

500g/1lb 2oz John Dory, bez skóry i filetowany

Sok z 1 cytryny

Sól dla smaku

2 jajka

1 łyżka zwykłej białej mąki

½ łyżeczki mielonego czarnego pieprzu

1 łyżeczka chili w proszku

8 uncji/250 ml rafinowanego oleju roślinnego

100g bułki tartej

metoda

- Rybę marynować w soku z cytryny i soli przez 4 godziny.
- Ubij jajka z mąką, pieprzem i chili w proszku.
- Rozgrzej olej na patelni. Zanurz marynowaną rybę w mieszance jajecznej, obtocz w bułce tartej i smaż na małym ogniu na złoty kolor. Podawać na gorąco.

Lau Chingri

(Krewetki Z Dynią)

Dla 4 osób

Składniki

250 g obranych krewetek

500g dyni, pokrojonej w kostkę

2 łyżki oleju musztardowego

łyżeczka nasion kminku

1 liść laurowy

½ łyżeczki kurkumy

1 łyżka mielonej kolendry

łyżeczka cukru

1 łyżka mleka

Sól dla smaku

metoda

- Gotuj krewetki i dynię na parze przez 15-20 minut. Odłożyć.
- W garnku rozgrzej olej. Dodaj nasiona kminku i liść laurowy. Smaż przez 15 sekund. Dodaj kurkumę i mieloną kolendrę. Smażyć na średnim ogniu przez 2-3 minuty. Dodaj cukier, mleko, sól i ugotowane na parze krewetki i dynię. Niech gotuje się przez 10 minut. Podawać na gorąco.

Pomidorowa Ryba

Dla 4 osób

Składniki

2 łyżki zwykłej białej mąki

1 łyżeczka mielonego czarnego pieprzu

500 g / 1 funt 2 uncje soli cytrynowej, obranej i filetowanej

3 łyżki masła

2 liście laurowe

1 mała cebula, starta

6 ząbków czosnku, drobno posiekanych

2 łyżeczki soku z cytryny

6 łyżek bulionu rybnego

150g przecieru pomidorowego

Sól dla smaku

metoda

- Mąkę i pieprz wymieszać razem. Wymieszaj rybę w mieszance.
- Rozgrzej masło na patelni. Smaż rybę na średnim ogniu na złoty kolor. Odcedź i zarezerwuj.
- Na tym samym maśle smaż liście laurowe, cebulę i czosnek na średnim ogniu przez 2-3 minuty. Dodaj smażoną rybę i wszystkie pozostałe składniki. Dobrze wymieszaj i gotuj przez 20 minut. Podawać na gorąco.

Chingri Machher Kalia

(Bogate Krewetki Curry)

Dla 4 osób

Składniki

24 duże krewetki, obrane i pozbawione żyłek

½ łyżeczki kurkumy

Sól dla smaku

250 ml/8 uncji wody

3 łyżki oleju musztardowego

2 duże cebule, drobno starte

6 suszonych czerwonych papryczek chilli, mielonych

2 łyżki liści kolendry, drobno posiekanych

metoda

- Gotuj krewetki z kurkumą, solą i wodą w rondlu na średnim ogniu przez 20-25 minut. Odłożyć. Nie wylewaj wody.
- W garnku rozgrzej olej. Dodaj cebulę i czerwoną paprykę i smaż na średnim ogniu przez 2-3 minuty.
- Dodaj ugotowane krewetki i zarezerwowaną wodę. Dobrze wymieszaj i gotuj przez 20-25 minut. Dekorujemy listkami kolendry. Podawać na gorąco.

Ryba Tikka Kebab

Dla 4 osób

Składniki

1 łyżka octu słodowego

1 łyżka jogurtu

1 łyżeczka pasty imbirowej

1 łyżeczka pasty czosnkowej

2 zielone papryczki chilli, drobno posiekane

1 łyżeczka garam masali

1 łyżeczka mielonego kminku

1 łyżeczka chili w proszku

Odrobina pomarańczowego barwnika spożywczego

Sól dla smaku

675 g/1½ funta żabnicy, bez skóry i filetów

metoda

- Wymieszaj wszystkie składniki oprócz ryby. Marynuj rybę w tej mieszance przez 3 godziny.
- Ułóż marynowaną rybę na szaszłykach i grilluj przez 20 minut. Podawać na gorąco.

Sznycel Chingri Machher

(Kotlety Krewetkowe)

Dla 4 osób

Składniki

12 krewetek, obranych i oczyszczonych

Sól dla smaku

500 ml/16 uncji wody

4 zielone papryczki chilli, drobno posiekane

2 łyżki pasty czosnkowej

50 g posiekanych liści kolendry

1 łyżeczka mielonego kminku

Szczypta kurkumy

Rafinowany olej roślinny do smażenia

1 ubite jajko

4 łyżki bułki tartej

metoda

- Gotuj krewetki z solą i wodą w rondlu na średnim ogniu przez 20 minut. Odcedzić i zmiksować ze wszystkimi pozostałymi składnikami oprócz oleju, jajka i bułki tartej.
- Podzielić masę na 8 porcji, uformować kulki i spłaszczyć na kotlety.
- Rozgrzej olej na patelni. Kotlety maczać w jajku, panierować w bułce tartej i smażyć na średnim ogniu na złoty kolor. Podawać na gorąco.

gotowana ryba

Dla 4 osób

Składniki

500 g / 1 funt 2 uncje filetów z soli cytrynowej lub czerwonego lucjana, bez skóry

Sól dla smaku

1 łyżeczka mielonego czarnego pieprzu

¼ łyżeczki łyżeczka suszonych czerwonych papryczek chilli, drobno posiekanych

2 duże zielone papryki, drobno posiekane

2 pomidory, pokrojone

1 duża cebula, pokrojona w plasterki

Sok z 1 cytryny

3 zielone papryczki chilli, pokrojone wzdłuż

10 ząbków czosnku, pokrojonych w cienkie plasterki

1 łyżka oliwy z oliwek

metoda

- Umieść filety rybne w naczyniu do zapiekania i posyp je solą, pieprzem i chilli.
- Rozłóż pozostałe składniki na tej mieszance.

- Przykryj naczynie i wstaw do piekarnika nagrzanego do 200°C (400°F, gaz 6) na 15 minut. Odkryć i piec przez 10 minut. Podawać na gorąco.

Krewetki z zieloną papryką

Dla 4 osób

Składniki

4 łyżki rafinowanego oleju roślinnego

2 duże cebule, cienko pokrojone

Korzeń imbiru o długości 2 cali/5 cm, cienko pokrojony

12 ząbków czosnku, cienko pokrojonych

4 zielone papryczki chilli, pokrojone wzdłuż

½ łyżeczki kurkumy

2 pomidory, drobno posiekane

500 g krewetek, obranych i oczyszczonych

3 zielone papryki, pozbawione nasion i pokrojone w plasterki

Sól dla smaku

1 łyżka posiekanych liści kolendry

metoda

- W garnku rozgrzej olej. Dodaj cebulę, imbir, czosnek i zieloną paprykę. Smażyć na małym ogniu przez 1-2 minuty. Dodać pozostałe składniki oprócz liści kolendry. Dobrze wymieszaj i smaż przez 15 minut.
- Dekorujemy listkami kolendry. Podawać na gorąco.

Machher Jhole

(Ryba w sosie)

Dla 4 osób

Składniki

500 g 2 oz pstrąga, bez skóry i filetowanych

1 łyżeczka kurkumy

Sól dla smaku

4 łyżki oleju musztardowego

3 suszone czerwone papryki

1 łyżeczka garam masali

1 duża cebula, starta

2 łyżeczki pasty imbirowej

1 łyżeczka mielonej musztardy

1 łyżeczka mielonej kolendry

250 ml/8 uncji wody

1 łyżka posiekanych liści kolendry

metoda

- Marynuj rybę z kurkumą i solą przez 30 minut.
- Rozgrzej olej na patelni. Smaż marynowaną rybę na średnim ogniu przez 2-3 minuty. Wróć i powtórz. Odłożyć.
- Na tym samym oleju podsmaż paprykę i garam masala na średnim ogniu przez 1 do 2 minut. Dodać pozostałe składniki oprócz liści kolendry. Dobrze wymieszaj i gotuj przez 10 minut. Dodaj rybę i dobrze wymieszaj.
- Niech gotuje się przez 10 minut. Posyp listkami kolendry i podawaj na gorąco.

Machher Paturi

(Ryba na parze w liściach bananowca)

Dla 4 osób

Składniki

5 łyżek nasion gorczycy

5 zielonych papryczek

1 łyżeczka kurkumy

1 łyżeczka chili w proszku

1 łyżka oleju musztardowego

½ łyżeczki nasion kopru włoskiego

2 łyżki liści kolendry, drobno posiekanych

½ łyżeczki cukru

Sól dla smaku

750g/1lb 10 uncji pstrąg, bez skóry i filetowany

Liście banana 20 × 15 cm/8 × 6 cali, umyte

metoda

- Zmiel wszystkie składniki, z wyjątkiem ryby i liści bananowca, na gładką pastę. Marynuj rybę w tej paście przez 30 minut.
- Zawiń rybę w liście bananowca i gotuj na parze przez 20-25 minut. Rozwiń ostrożnie i podawaj gorące.

Chingri Machher Shorsher Jhole

(Musztarda Krewetkowa Curry)

Dla 4 osób

Składniki

6 suszonych czerwonych papryk

½ łyżeczki kurkumy

3 łyżeczki nasion kminku

1 łyżka nasion gorczycy

12 ząbków czosnku

2 duże cebule

Sól dla smaku

24 krewetki, obrane i pozbawione żyłek

3 łyżki oleju musztardowego

500 ml/16 uncji wody

metoda

- Wszystkie składniki oprócz krewetek, oleju i wody zmiksować na gładką pastę. Marynuj krewetki w tej paście przez 1 godzinę.
- W garnku rozgrzej olej. Dodaj krewetki i smaż na średnim ogniu przez 4 do 5 minut.
- Dodaj wodę. Dobrze wymieszaj i gotuj przez 20 minut. Podawać na gorąco.

Curry z krewetkami i ziemniakami

Dla 4 osób

Składniki

3 łyżki rafinowanego oleju roślinnego

2 duże cebule, drobno posiekane

3 pomidory, drobno posiekane

1 łyżeczka pasty czosnkowej

1 łyżeczka chili w proszku

½ łyżeczki kurkumy

1 łyżeczka garam masali

250 g krewetek, obranych i oczyszczonych

2 duże ziemniaki, pokrojone w kostkę

250 ml gorącej wody

1 łyżeczka soku z cytryny

10 g liści kolendry, posiekanych

Sól dla smaku

metoda

- W garnku rozgrzej olej. Podsmaż cebulę na małym ogniu, aż się zarumieni.
- Dodaj pomidory, pastę czosnkową, chili w proszku, kurkumę i garam masala. Brązowy przez 4-5 minut. Dodaj pozostałe składniki. Dobrze wymieszaj.
- Gotuj przez 20 minut i podawaj gorące.

krewetka kret

(Krewetki gotowane w prostym curry)

Dla 4 osób

Składniki

3 łyżki rafinowanego oleju roślinnego

2 duże cebule, drobno posiekane

2,5 cm korzeń imbiru pokrojonego w julienne

8 ząbków czosnku, posiekanych

4 zielone papryczki chilli, pokrojone wzdłuż

375 g/13 uncji krewetek, obranych i pozbawionych żyłek

3 pomidory, drobno posiekane

1 łyżeczka kurkumy

½ łyżeczki chili w proszku

Sól dla smaku

750 ml/1¼ litra mleka kokosowego

metoda

- W garnku rozgrzej olej. Dodaj cebulę, imbir, czosnek i zielone chilli i smaż na średnim ogniu przez 1-2 minuty.
- Dodaj krewetki, pomidory, kurkumę, chili w proszku i sól. Brązuj przez 5 do 6 minut. Dodać mleko kokosowe. Dobrze wymieszaj i gotuj na wolnym ogniu przez 10-12 minut. Podawać na gorąco.

Ryba Koliwada

(Pikantna Smażona Ryba)

Dla 4 osób

Składniki

675 g/1½ funta żabnicy, bez skóry i filetów

Sól dla smaku

1 łyżeczka soku z cytryny

250g/9 uncji fasoli*

3 łyżki mąki

1 łyżeczka kurkumy

2 łyżeczki chaat masali*

1 łyżeczka garam masali

2 łyżki posiekanych liści kolendry

1 łyżka octu słodowego

1 łyżeczka chili w proszku

4 łyżki wody

Rafinowany olej roślinny do smażenia

metoda

- Rybę marynować w soli i soku z cytryny przez 2 godziny.
- Wymieszaj wszystkie pozostałe składniki, z wyjątkiem oleju, na gęstą pastę.
- Rozgrzej olej na patelni. Obficie obtaczamy rybę w cieście i smażymy na średnim ogniu na złoty kolor. Odcedź i podawaj na gorąco.

Rolada z ryby i ziemniaków

Dla 4 osób

Składniki

675 g soli cytrynowej, obranej i filetowanej

Sól dla smaku

łyżeczka kurkumy

1 duży ziemniak, ugotowany

2 łyżeczki soku z cytryny

2 łyżki kolendry, drobno posiekanej

2 małe cebule, drobno posiekane

1 łyżeczka garam masali

2-3 małe zielone chilli

½ łyżeczki chili w proszku

Rafinowany olej roślinny do smażenia

2 jajka, ubite

6-7 łyżek bułki tartej

metoda

- Gotuj rybę na parze przez 15 minut.
- Odcedzić i wymieszać z pozostałymi składnikami oprócz oleju, jajek i bułki tartej. Zagnieść i podzielić na 8 bułek o grubości 6 cm.
- Rozgrzej olej na patelni. Bułki maczać w jajku, panierować w bułce tartej i smażyć na średnim ogniu na złoty kolor. Odcedź i podawaj na gorąco.

krewetkowa masala

Dla 4 osób

Składniki

4 łyżki rafinowanego oleju roślinnego

3 cebule, 1 pokrojona w plasterki i 2 posiekane

2 łyżeczki nasion kolendry

3 goździki

1 cal/2,5 cm cynamonu

5 ziaren pieprzu

100 g/3½ uncji świeżego kokosa, startego

6 suszonych czerwonych papryk

500 g krewetek, obranych i oczyszczonych

½ łyżeczki kurkumy

250 ml/8 uncji wody

2 łyżeczki pasty z tamaryndowca

Sól dla smaku

metoda

- W garnku rozgrzej 1 łyżkę oleju. Podsmaż pokrojoną cebulę, nasiona kolendry, goździki, cynamon, ziarna pieprzu, kokos i czerwoną papryczkę chili na średnim ogniu przez 2-3 minuty. Zmiel na gładką pastę. Odłożyć.
- Pozostały olej rozgrzej w rondlu. Dodaj pokrojoną cebulę i smaż na średnim ogniu, aż się zarumieni. Dodaj krewetki, kurkumę i wodę. Dobrze wymieszaj i gotuj przez 5 minut.
- Dodaj zmieloną pastę, pastę z tamaryndowca i sól. Dusić przez 15 minut. Podawać na gorąco.

Ryba czosnkowa

Dla 4 osób

Składniki

500 g włócznika, obranego i filetowanego

Sól dla smaku

1 łyżeczka kurkumy

1 łyżka rafinowanego oleju roślinnego

2 duże cebule, drobno starte

2 łyżeczki pasty czosnkowej

½ łyżeczki pasty imbirowej

1 łyżeczka mielonej kolendry

125g przecieru pomidorowego

metoda

- Marynuj rybę z solą i kurkumą przez 30 minut.
- W garnku rozgrzej olej. Dodaj cebulę, pastę czosnkową, pastę imbirową i mieloną kolendrę. Smaż na średnim ogniu przez 2 minuty.
- Dodaj przecier pomidorowy i rybę. Pozwól gotować przez 15-20 minut. Podawać na gorąco.

Ryż ziemniaczany

Dla 4 osób

Składniki

150 g ghee plus dodatkowo do smażenia

1 duża cebula

2,5 cm korzenia imbiru

6 ząbków czosnku

125 g/4½ uncji jogurtu, ubitego

4 łyżki mleka

2 zielone strąki kardamonu

2 goździki

1 cm/½ w cynamonie

250 g ryżu basmati, namoczonego przez 30 minut i odsączonego

Sól dla smaku

1 litr/1¾ litra wody

15 orzechów nerkowca, smażonych

Na pierogi:

3 duże ziemniaki, ugotowane i rozgniecione

125 g/4½ uncji fasoli*

½ łyżeczki chili w proszku

½ łyżeczki kurkumy

1 łyżeczka proszku garam masala

1 duża cebula, starta

metoda

- Wszystkie składniki na klopsiki mieszamy ze sobą. Podziel mieszaninę na małe kulki.
- Podgrzej ghee do smażenia na patelni. Dodaj klopsiki i smaż na średnim ogniu na złoty kolor. Odcedź je i odłóż na bok.
- Zmiel cebulę, imbir i czosnek na pastę.
- W rondelku podgrzej 60 g ghee. Dodaj ciasto i smaż na średnim ogniu, aż będzie przezroczyste.
- Dodaj jogurt, mleko i kulki ziemniaczane. Gotuj mieszaninę przez 10-12 minut. Odłożyć.
- Podgrzej resztę ghee na innej patelni. Dodaj kardamon, goździki, cynamon, ryż, sól i wodę. Przykryj pokrywką i gotuj przez 15-20 minut.
- Ułóż mieszankę ryżu i ziemniaków w naprzemiennych warstwach w naczyniu do pieczenia. Zakończ warstwą ryżu. Udekoruj orzechami nerkowca.
- Piecz ryż z ziemniakami w piekarniku nagrzanym do 200°C (400°F, gaz 6) przez 7-8 minut. Podawać na gorąco.

Pulao z warzywami

Dla 4 osób

Składniki

5 łyżek rafinowanego oleju roślinnego

2 goździki

2 zielone strąki kardamonu

4 czarne ziarna pieprzu

1 cal/2,5 cm cynamonu

1 duża cebula, drobno posiekana

1 łyżeczka pasty imbirowej

1 łyżeczka pasty czosnkowej

2 zielone papryczki chilli, drobno posiekane

1 łyżeczka garam masali

150g mieszanych warzyw (fasolka szparagowa, ziemniaki, marchewka itp.)

500 g ryżu długoziarnistego, namoczonego przez 30 minut i odsączonego

Sól dla smaku

600 ml/1 litr gorącej wody

metoda

- W garnku rozgrzej olej. Dodaj goździki, kardamon, ziarna pieprzu i cynamon. Pozwól im pluć przez 15 sekund.
- Dodaj cebulę i smaż na średnim ogniu przez 2-3 minuty, od czasu do czasu mieszając.
- Dodaj pastę imbirową, pastę czosnkową, zielone chilli i garam masala. Dobrze wymieszaj. Smaż tę mieszankę przez minutę.
- Dodać warzywa i ryż. Smaż pulao na średnim ogniu przez 4 minuty.
- Dodaj sól i wodę. Dobrze wymieszaj. Gotuj na średnim ogniu przez minutę.
- Przykryj pokrywką i gotuj na wolnym ogniu przez 10-12 minut. Podawać na gorąco.

Kashche Gosht ki Biryani

(Biryani z Jagnięciny)

Dla 4-6 osób

Składniki

1 kg jagnięciny, pokrojonej na 5 cm kawałki

1 litr/1¾ litra wody

Sól dla smaku

6 goździków

5 cm/2 cale cynamonu

5 zielonych strąków kardamonu

4 liście laurowe

6 ziaren czarnego pieprzu

750 g/1 funt 10 uncji ryżu basmati, namoczonego przez 30 minut i odsączonego

150 g ghee

Szczypta szafranu rozpuszczona w 1 łyżce mleka

5 dużych cebul, pokrojonych w plastry i usmażonych

Na kisiel:

200 g jogurtu

1 łyżeczka kurkumy

1 łyżeczka chili w proszku

1 łyżeczka pasty imbirowej

1 łyżeczka pasty czosnkowej

1 łyżeczka soli

25 g/małe listki kolendry, drobno posiekane

25 g/liście drobno posiekanej mięty

metoda
- Wymieszaj wszystkie składniki marynaty i marynuj w niej kawałki jagnięciny przez 4 godziny.
- W rondelku wymieszaj wodę z solą, goździkami, cynamonem, kardamonem, liściem laurowym i ziarnami pieprzu. Gotuj na średnim ogniu przez 5-6 minut.
- Dodaj odsączony ryż. Gotuj 5-7 minut. Odcedź nadmiar wody i odłóż ryż na bok.
- Wlej ghee do dużego naczynia żaroodpornego i ułóż na nim marynowane mięso. Ryż ułożyć na mięsie.
- Posyp górną warstwę mlekiem szafranowym i odrobiną ghee.
- Zamknąć patelnię folią aluminiową i przykryć pokrywką.
- Niech gotuje się przez 40 minut.
- Zdjąć z ognia i odstawić na kolejne 30 minut.

- Udekoruj biryani cebulą. Podawać w temperaturze pokojowej.

Achari Gosht ki Biryani

(marynowana baranina biryani)

Dla 4-6 osób

Składniki

4 średniej wielkości cebule, drobno posiekane

Jogurt 400g/14oz

2 łyżeczki pasty imbirowej

2 łyżeczki pasty czosnkowej

1 kg baraniny, pokrojonej na 5 cm kawałki

2 łyżeczki nasion kminku

2 łyżeczki nasion kozieradki

1 łyżeczka nasion cebuli

2 łyżeczki nasion gorczycy

10 zielonych papryczek chilli

6½ łyżki ghee

50 g drobno posiekanych listków mięty

100 g drobno posiekanych liści kolendry

2 pomidory, pokrojone w ćwiartki

750 g/1 funt 10 uncji ryżu basmati, namoczonego przez 30 minut i odsączonego

Sól dla smaku

3 goździki

2 liście laurowe

5 cm/2 cale cynamonu

4 czarne ziarna pieprzu

Duża szczypta szafranu rozpuszczona w 1 łyżce mleka

metoda

- Wymieszaj razem cebulę, jogurt, pastę imbirową i pastę czosnkową. W tej mieszance marynuj baraninę przez 30 minut.
- Upraż razem na sucho kminek, kozieradkę, cebulę i gorczycę. Wbij je w grubą mieszankę.
- Pokrój zieloną paprykę i napełnij ją pokruszoną mieszanką. Odłożyć.
- Na patelni rozgrzej 6 łyżek ghee. Dodać baraninę. Smaż baraninę na średnim ogniu przez 20 minut. Upewnij się, że wszystkie strony kawałków baraniny są również rumiane.
- Dodać faszerowaną zieloną paprykę. Kontynuuj gotowanie przez kolejne 10 minut.
- Dodaj liście mięty, liście kolendry i pomidory. Dobrze mieszaj przez 5 minut. Odłożyć.
- Ryż wymieszać z solą, goździkami, liściem laurowym, cynamonem i ziarnami pieprzu. Zagotuj mieszaninę. Odłożyć.
- Wlej resztę ghee do naczynia do zapiekania.

- Usmażone kawałki baraniny ułożyć na ghee. Ułóż parboiled ryż w warstwie na baraninie.
- Wlej mleko szafranowe na ryż.
- Zamknąć naczynie folią aluminiową i przykryć pokrywką. Piecz biryani w nagrzanym piekarniku do 200°C (400°F, gaz 6) przez 8 do 10 minut.
- Podawać na gorąco.

Jakni Pulao

(Kaszmir Pulao)

Dla 4 osób

Składniki

600 g baraniny, pokrojonej na 2,5 cm kawałki

2 liście laurowe

10 ziaren czarnego pieprzu

Sól dla smaku

1,7 litra/3 kwarty gorącej wody

5 łyżek rafinowanego oleju roślinnego

4 goździki

3 zielone strąki kardamonu

1 cal/2,5 cm cynamonu

1 łyżka pasty czosnkowej

1 łyżka pasty imbirowej

3 duże cebule, drobno posiekane

500 g ryżu basmati, namoczonego przez 30 minut i odsączonego

1 łyżeczka mielonego kminku

2 łyżeczki mielonej kolendry

200 g jogurtu, ubitego

1 łyżeczka garam masali

60g cebuli, pokrojonej i podsmażonej

4-5 smażonych rodzynek

½ ogórka pokrojonego w plasterki

1 pomidor, pokrojony

1 jajko, ugotowane na twardo i pokrojone

1 zielona papryka, pokrojona w plasterki

metoda

- Dodaj do wody baraninę, liście laurowe, ziarna pieprzu i sól. Gotuj tę mieszaninę w rondlu na średnim ogniu przez 20-25 minut.
- Odcedź mieszankę baraniny i odłóż na bok. Zachowaj bulion.
- W garnku rozgrzej olej. Dodaj goździki, kardamon i cynamon. Pozwól im pluć przez 15 sekund.
- Dodaj pastę czosnkową, pastę imbirową i cebulę. Smaż je na średnim ogniu, aż się zarumienią.
- Dodaj mieszankę baraniny. Smaż 4 do 5 minut, mieszając w regularnych odstępach czasu.
- Dodaj ryż, kminek, kolendrę, jogurt, garam masala i sól. Lekko wymieszaj.
- Dodaj bulion barani z taką ilością gorącej wody, aby wystawała 2,5 cm ponad poziom ryżu.
- Pozwól pulao gotować się przez 10-12 minut.

- Udekoruj krążkami cebuli, rodzynkami, ogórkiem, pomidorem, jajkiem i zielonym pieprzem. Podawać na gorąco.

Hyderabadi Biryani

Dla 4 osób

Składniki

1 kg baraniny, pokrojonej na 3,5 cm kawałki

2 łyżeczki pasty imbirowej

2 łyżeczki pasty czosnkowej

Sól dla smaku

6 łyżek rafinowanego oleju roślinnego

Jogurt 500g/1lb 2oz

2 litry/3½ litra wody

2 duże ziemniaki, obrane i pokrojone w ósemki

750 g/1 funt 10 uncji ryżu basmati, parzonego

1 łyżka ghee, podgrzana

Na mieszankę przypraw:

4 duże cebule, cienko pokrojone

3 goździki

1 cal/2,5 cm cynamonu

3 zielone strąki kardamonu

2 liście laurowe

6 ziaren pieprzu

6 zielonych papryczek

50 g zmiażdżonych liści kolendry

2 łyżeczki soku z cytryny

1 łyżka mielonego kminku

1 łyżeczka kurkumy

1 łyżka mielonej kolendry

metoda

- Marynować baraninę pastą imbirową, pastą czosnkową i solą przez 2 godziny.
- Wszystkie składniki na mieszankę przypraw mieszamy ze sobą.
- W garnku rozgrzej olej. Dodaj mieszankę przypraw i smaż na średnim ogniu przez 5-7 minut.
- Dodaj jogurt, marynowaną baraninę i 250 ml wody. Dusić 15-20 minut, od czasu do czasu mieszając.
- Dodaj ziemniaki, ryż i pozostałą wodę. Niech gotuje się przez 15 minut.
- Wlać ghee na ryż i szczelnie przykryć pokrywką.
- Gotuj, aż ryż się ugotuje. Podawać na gorąco.

Warzywa Biryani

Dla 4 osób

Składniki

4 łyżki rafinowanego oleju roślinnego

2 duże cebule, cienko pokrojone

1 łyżka pasty imbirowej

1 łyżka pasty czosnkowej

6 ziaren pieprzu

2 liście laurowe

3 zielone strąki kardamonu

1 cal/2,5 cm cynamonu

3 goździki

1 łyżeczka kurkumy

1 łyżka mielonej kolendry

6 czerwonych papryczek chilli, mielonych

50 g świeżego kokosa, startego

200 g mrożonych mieszanych warzyw

2 plastry ananasa, drobno posiekanego

10-12 orzechów nerkowca

200 g jogurtu

Sól dla smaku

750 g/1 funt 10 uncji ryżu basmati, parzonego

Trochę żółtego barwnika spożywczego

4 łyżeczki ghee

1 łyżka mielonego kminku

3 łyżki drobno posiekanych liści kolendry

metoda

- W garnku rozgrzej olej. Dodaj wszystkie cebule, pastę imbirową i pastę czosnkową. Podsmaż mieszaninę na średnim ogniu, aż cebula stanie się przezroczysta.
- Dodaj ziarna pieprzu, liście laurowe, kardamon, cynamon, goździki, kurkumę, mieloną kolendrę, papryczki chilli i kokos. Dobrze wymieszaj. Smażyć przez 2-3 minuty, od czasu do czasu mieszając.
- Dodaj warzywa, ananasa i orzechy nerkowca. Smażyć mieszaninę przez 4 do 5 minut.
- Dodaj jogurt. Dobrze mieszaj przez minutę.
- Rozłóż ryż w jednej warstwie na mieszance warzyw i posyp górę barwnikiem spożywczym.
- Podgrzej ghee w innym małym rondlu. Dodaj mielony kminek. Pozwól mu pluć przez 15 sekund.
- Wlej go bezpośrednio na ryż.
- Przykryj pokrywką i upewnij się, że nie wydostaje się para. Gotuj na małym ogniu przez 10-15 minut.
- Dekorujemy listkami kolendry. Podawać na gorąco.

Kale Moti ki Biryani

(Cała Czarna Biryani Gram)

Dla 4 osób

Składniki

500 g ryżu basmati, namoczonego przez 30 minut i odsączonego

500 ml mleka

1 łyżeczka garam masali

500 ml/16 uncji wody

Sól dla smaku

75g ghee

2 łyżeczki pasty imbirowej

2 łyżeczki pasty czosnkowej

3 zielone papryczki chilli, pokrojone wzdłuż

6 dużych ziemniaków, obranych i pokrojonych w ósemki

2 pomidory, drobno posiekane

½ łyżeczki chili w proszku

$1/3$ c: Kurkuma

200 g jogurtu

300 g/10 uncji fasoli urad*, gotowane

1 łyżeczka szafranu namoczona w 60 ml mleka

25 g/małe listki kolendry, drobno posiekane

10 g drobno posiekanych liści mięty

2 duże cebule pokrojone w plastry i usmażone

3 zielone strąki kardamonu

5 goździków

1 cal/2,5 cm cynamonu

1 liść laurowy

metoda

- Gotuj ryż z mlekiem, garam masala, wodą i solą w rondlu na średnim ogniu przez 7-8 minut. Odłożyć.
- Podgrzej ghee w naczyniu do pieczenia. Dodaj pastę imbirową i pastę czosnkową. Smaż na średnim ogniu przez minutę.
- Dodaj zieloną paprykę i ziemniaki. Smaż mieszaninę przez 3-4 minuty.
- Dodaj pomidory, chili w proszku i kurkumę. Dobrze wymieszaj. Smażymy 2-3 minuty, często mieszając.
- Dodaj jogurt. Ostrożnie mieszaj przez 2-3 minuty.
- Dodaj fasolę urad. Gotuj na małym ogniu przez 7 do 10 minut.
- Fasolę posypać liśćmi kolendry, listkami mięty, cebulą, kardamonem, goździkami, cynamonem i liściem laurowym.
- Rozłóż ugotowany ryż równomiernie na mieszance fasoli. Wlej mleko szafranowe na ryż.

- Zamknąć folią aluminiową i przykryć pokrywką.
- Piecz biryani w piekarniku w temperaturze 200°C (400°F, gaz 6) przez 15-20 minut. Podawać na gorąco.

Posiekane i Masoor Pulao

(Pokrojona i cała czerwona soczewica z pilawem ryżowym)

Dla 4 osób

Składniki

6 łyżek rafinowanego oleju roślinnego

2 goździki

2 zielone strąki kardamonu

6 ziaren czarnego pieprzu

2 liście laurowe

1 cal/2,5 cm cynamonu

1 łyżeczka pasty imbirowej

1 łyżeczka pasty czosnkowej

1 duża cebula, drobno posiekana

2 zielone papryczki chilli, drobno posiekane

1 łyżeczka chili w proszku

½ łyżeczki kurkumy

2 łyżeczki mielonej kolendry

1 łyżeczka mielonego kminku

500g/1lb 2oz mielonej jagnięciny

150g/5½ uncji całego masoora*, moczyć przez 30 minut i odsączyć

250 g ryżu długoziarnistego, namoczonego przez 30 minut i odsączonego

750 ml/1 litr gorącej wody

Sól dla smaku

10 g liści kolendry, drobno posiekanych

metoda

- W garnku rozgrzej olej. Dodaj goździki, kardamon, ziarna pieprzu, liście laurowe, cynamon, pastę imbirową i pastę czosnkową. Smaż tę mieszaninę na średnim ogniu przez 2-3 minuty.
- Dodaj cebulę. Smaż, aż stanie się przezroczysty.
- Dodaj zieloną paprykę. Smaż przez minutę.
- Dodaj chili w proszku, kurkumę, mieloną kolendrę i kminek. Mieszaj przez 2 minuty.
- Dodaj mięso mielone, masoor i ryż. Smaż dobrze na średnim ogniu przez 5 minut, delikatnie mieszając w regularnych odstępach czasu.
- Dodaj gorącą wodę i sól.
- Przykryć pokrywką i dusić przez 15 minut.
- Udekoruj pulao listkami kolendry. Podawać na gorąco.

Biryani z kurczaka

Dla 4 osób

Składniki

1 kg kurczaka bez skóry z kośćmi, pokrojonego na 8 kawałków

6 łyżek rafinowanego oleju roślinnego

10 orzechów nerkowca

10 rodzynek

500 g ryżu basmati, namoczonego przez 30 minut i odsączonego

3 goździki

2 liście laurowe

5 cm/2 cale cynamonu

4 czarne ziarna pieprzu

Sól dla smaku

4 duże cebule, cienko pokrojone

250 ml/8 uncji wody

2½ łyżki ghee

Duża szczypta szafranu rozpuszczona w 1 łyżce mleka

Na kisiel:

1½ łyżeczki pasty czosnkowej

1½ łyżeczki pasty imbirowej

3 zielone papryczki chilli, drobno posiekane

1 łyżeczka garam masali

1 łyżeczka mielonego czarnego pieprzu

1 łyżka mielonej kolendry

2 łyżeczki mielonego kminku

Jogurt 125g/4½oz

metoda

- Wszystkie składniki marynaty wymieszać ze sobą. W tej mieszance marynuj kurczaka przez 3-4 godziny.
- W małym rondlu rozgrzej 1 łyżkę oleju. Dodaj orzechy nerkowca i rodzynki. Smażymy na średnim ogniu do zrumienienia. Odcedź i zarezerwuj.
- Odsączony ryż ugotować z goździkami, liściem laurowym, cynamonem, ziarnami pieprzu i solą. Odłożyć.
- W garnku rozgrzej 3 łyżki oleju. Dodaj kawałki kurczaka i smaż na średnim ogniu przez 20 minut, od czasu do czasu obracając. Odłożyć.
- Resztę oleju rozgrzej w innym rondlu. Dodaj cebulę i smaż na średnim ogniu, aż się zarumieni.
- Dodaj smażone kawałki kurczaka. Gotuj je przez kolejne 5 minut na średnim ogniu.
- Dodaj wodę i gotuj, aż kurczak będzie gotowy. Odłożyć.
- Wlej 2 łyżki ghee do naczynia do zapiekania. Dodaj mieszankę z kurczaka. Ułóż ryż w jednej warstwie na kurczaku.
- Wlej mleko szafranowe na wierzch i dodaj resztę ghee.

- Zawinąć w folię aluminiową i szczelnie przykryć pokrywką.
- Piec w temperaturze 200°C (400°F, gaz 6) przez 8 do 10 minut.
- Udekoruj smażonymi orzechami nerkowca i rodzynkami. Podawać na gorąco.

Krewetki Biryani

Dla 6 osób

Składniki

600 g dużych krewetek, oczyszczonych i pozbawionych żył

Sól dla smaku

1 łyżeczka kurkumy

8 uncji/250 ml rafinowanego oleju roślinnego

4 duże cebule pokrojone w plasterki

4 pomidory, drobno posiekane

2-3 ziemniaki, obrane i pokrojone w kostkę

50 g drobno posiekanych liści kolendry

25 g/liście drobno posiekanej mięty

200 g jogurtu

2 zielone chilli, posiekane

450 g ryżu basmati gotowanego na parze (zob[Tutaj](Tutaj))

Na mieszankę przypraw:

4 goździki

1 cal/2,5 cm cynamonu

3 zielone strąki kardamonu

4 czarne ziarna pieprzu

2-3 zielone chilli

¼ świeżego kokosa, startego

4 czerwone papryki

12 ząbków czosnku

1 łyżeczka kminku

1 łyżeczka kolendry

metoda

- Z grubsza zmiel wszystkie składniki mieszanki przypraw. Odłożyć.
- Krewetki wymieszać z solą i kurkumą. Odłożyć.
- W garnku rozgrzej 2 łyżki oleju. Dodaj cebulę i smaż na średnim ogniu, aż się zarumieni. Odłożyć.
- Pozostały olej rozgrzej w rondlu. Dodaj połowę smażonej cebuli z mieloną mieszanką przypraw. Dobrze wymieszaj i gotuj na średnim ogniu przez minutę.
- Dodaj pomidory, ziemniaki, sól i krewetki. Gotuj mieszaninę przez 5 minut.
- Dodaj kolendrę, liście mięty, jogurt i zieloną paprykę. Dobrze wymieszaj. Dusić przez 10 minut, często mieszając. Odłożyć.
- W dużym rondlu ułóż mieszankę ryżu i krewetek w naprzemiennych warstwach. Zakończ warstwą ryżu.
- Posyp pozostałą cebulę na wierzchu, przykryj pokrywką i gotuj na wolnym ogniu przez 30 minut. Podawać na gorąco.

Jajko Ziemniaczane Biryani

Dla 4-5 osób

Składniki

5 łyżek rafinowanego oleju roślinnego

3 goździki

1 cal/2,5 cm cynamonu

3 zielone strąki kardamonu

2 liście laurowe

6 ziaren pieprzu

3 duże cebule, cienko pokrojone

3 duże pomidory, drobno posiekane

Sól dla smaku

łyżeczka kurkumy

200 g jogurtu

3 duże ziemniaki, obrane, pokrojone w ćwiartki i usmażone

6 jajek, ugotowanych i przekrojonych wzdłuż na pół

300 g/10 uncji gotowanego na parze ryżu basmati

2 łyżki ghee

1 łyżka nasion kminku

Trochę żółtego barwnika spożywczego

Na ciasto:

1 łyżka białego sezamu

4-5 czerwonych papryk

8 ząbków czosnku

5 cm/2 cale korzenia imbiru

2-3 zielone chilli

50g liści kolendry

1 łyżka nasion kolendry

metoda

- Zmiel wszystkie składniki pasty razem z wystarczającą ilością wody, aby utworzyć gęstą pastę. Odłożyć.
- W garnku rozgrzej olej. Dodaj wszystkie goździki, cynamon, kardamon, liście laurowe i ziarna pieprzu. Pozwól im pluć przez 30 sekund.
- Dodaj cebulę. Smaż je na średnim ogniu, aż staną się przezroczyste.
- Dodaj pastę z pomidorami, solą i kurkumą. Smażyć 2-3 minuty, od czasu do czasu mieszając.
- Dodaj jogurt. Gotuj mieszaninę na średnim ogniu, często mieszając.
- Dodaj ziemniaki. Dobrze wymieszaj, aby pokryły się sosem.
- Delikatnie dodaj kawałki jajka, żółtkiem do góry.
- Rozłóż ryż na kawałkach jajka. Odłóż ten układ na bok.
- Podgrzej ghee w małym rondlu. Dodaj nasiona kminku. Pozwól im pluć przez 15 sekund.
- Wlej tę mieszankę bezpośrednio na ryż.

- Posyp je barwnikiem spożywczym i przykryj patelnię pokrywką.
- Gotuj przez 30 minut. Podawać na gorąco.

Pokrój poulao

(Jagnięcina Mielona Z Ryżem Pilau)

Dla 4 osób

Składniki

5 łyżek rafinowanego oleju roślinnego

2 goździki

2 zielone strąki kardamonu

6 ziaren czarnego pieprzu

2 liście laurowe

1 cal/2,5 cm cynamonu

1 duża cebula, drobno posiekana

1 łyżeczka pasty imbirowej

1 łyżeczka pasty czosnkowej

2 zielone papryczki chilli, drobno posiekane

2 łyżeczki mielonej kolendry

1 łyżeczka chili w proszku

½ łyżeczki kurkumy

1 łyżeczka mielonego kminku

500g/1lb 2oz mielonej jagnięciny

350 g/12 uncji ryżu długoziarnistego, namoczonego przez 30 minut w wodzie i odsączonego

750 ml gorącej wody

Sól dla smaku

10 g liści kolendry, drobno posiekanych

metoda

- W garnku rozgrzej olej. Dodaj goździki, kardamon, ziarna pieprzu, liście laurowe i cynamon. Pozwól im pluć przez 15 sekund.
- Dodaj cebulę. Smażyć na średnim ogniu, aż będzie przezroczysty.
- Dodaj pastę imbirową, pastę czosnkową, zielone chilli, mieloną kolendrę, chili w proszku, kurkumę i mielony kminek.
- Smażyć przez 2 minuty. Dodaj mielone i ryż. Smaż tę mieszaninę przez 5 minut.
- Dodaj gorącą wodę i sól.
- Przykryć pokrywką i dusić przez 15 minut.
- Udekoruj pulao listkami kolendry. Podawać na gorąco.

Chana Pulao

(Ciecierzyca Z Ryżem Pilau)

Dla 4 osób

Składniki

2 łyżki rafinowanego oleju roślinnego

1 łyżeczka nasion kminku

1 duża cebula, drobno posiekana

1 łyżeczka pasty imbirowej

1 łyżeczka pasty czosnkowej

2 zielone papryczki chilli, drobno posiekane

300 g/10 uncji ciecierzycy z puszki

300 g/10 uncji ryżu długoziarnistego, namoczonego przez 30 minut i odsączonego

Sól dla smaku

250 ml/8 uncji wody

metoda

- W garnku rozgrzej olej. Dodaj nasiona kminku. Pozwól im pluć przez 15 sekund.

- Dodaj cebulę, pastę imbirową, pastę czosnkową i zielone chilli. Smaż tę mieszaninę na średnim ogniu przez 2-3 minuty.
- Dodaj ciecierzycę i ryż. Smaż przez 4-5 minut.
- Dodaj sól i wodę. Gotuj pulao na średnim ogniu przez minutę.
- Przykryj pokrywką i gotuj na wolnym ogniu przez 10-12 minut.
- Podawać na gorąco.

Proste Khichdi

(Mieszanka Ryżu i Soczewicy)

Dla 4 osób

Składniki

1 łyżka ghee

1 łyżeczka nasion kminku

2 zielone papryczki chilli, pokrojone wzdłuż

Ryż długoziarnisty 250 g/9 uncji

150 g/5½ uncji mung dhal*

1 litr/1¾ pinty gorącej wody

Sól dla smaku

metoda

- Podgrzej ghee w rondelku. Dodaj nasiona kminku i zielone chilli. Pozwól im pluć przez 15 sekund.
- Dodaj ryż i mung dhal. Smaż przez 5 minut.
- Dodaj gorącą wodę i sól. Dobrze wymieszaj. Przykryć pokrywką. Gotuj khichdi przez 15 minut – powinno mieć konsystencję owsianki.
- Podawać na gorąco.

ryż masala

(Pikantny Ryż)

Dla 4 osób

Składniki

6 łyżek rafinowanego oleju roślinnego

½ łyżeczki nasion gorczycy

10 liści curry

2 zielone papryczki chilli, pokrojone wzdłuż

łyżeczka kurkumy

2 duże cebule, cienko pokrojone

½ łyżeczki chili w proszku

2 łyżeczki soku z cytryny

Sól dla smaku

300 g/10 uncji gotowanego na parze ryżu długoziarnistego

1 łyżka posiekanych liści kolendry

metoda

- W garnku rozgrzej olej. Dodaj nasiona gorczycy, liście curry i zielone chilli. Pozwól im pluć przez 15 sekund. Dodaj kurkumę i cebulę. Smażyć mieszaninę na średnim ogniu, aż cebula będzie złocistobrązowa.
- Dodać pozostałe składniki oprócz kolendry. Delikatnie mieszaj na małym ogniu przez 5 minut. Dekorujemy listkami kolendry. Podawać na gorąco.

ryż cebulowy

Dla 4 osób

Składniki

5 łyżek rafinowanego oleju roślinnego

½ łyżeczki nasion gorczycy

½ łyżeczki kminku

4 średniej wielkości cebule, cienko pokrojone

3 zielone papryczki chilli, drobno posiekane

5 ząbków czosnku, drobno posiekanych

300 g/10 uncji gotowanego na parze ryżu basmati

Sól dla smaku

60 ml wody

10 g liści kolendry, posiekanych

metoda

- W garnku rozgrzej olej. Dodać gorczycę i kminek. Pozwól im pluć przez 15 sekund.
- Dodaj cebulę, zieloną paprykę i czosnek. Podsmaż tę mieszaninę na średnim ogniu, aż cebula będzie przezroczysta.

- Dodaj ryż, sól i wodę. Gotuj na średnim ogniu przez 5-7 minut.
- Udekoruj ryż cebulowy listkami kolendry. Podawać na gorąco.

ryż gotowany na parze

Dla 4 osób

Składniki

375 g/13 uncji ryżu długoziarnistego lub basmati

750 ml/1¼ litra wody

metoda

- Ryż dobrze umyć.
- Podgrzej wodę w garnku. Dodaj ryż i gotuj na dużym ogniu przez 8 do 10 minut.
- Ściśnij lekko ziarno ryżu między kciukiem a palcem wskazującym, aby sprawdzić, czy jest ugotowane.
- Zdjąć z ognia i odsączyć na durszlaku. Podawać na gorąco.

www.ingramcontent.com/pod-product-compliance
Lightning Source LLC
Chambersburg PA
CBHW071429080526
44587CB00014B/1782